Bücher von David Walliams:

Banditen-Papa

Billionen-Boy

Die Mitternachtsbande

Die schlimmsten Kinder der Welt

Gangsta-Oma

Kicker im Kleid

Propeller-Opa

Ratten-Burger

Terror-Tantchen

Zombie-Zahnarzt

Der *etwas* nervige Elefant

(Bilderbuch)

David Walliams

DIE ALLERSCHLIMMSTEN KINDER DER WELT

In prächtigen Farben illustriert
von Tony Ross

Aus dem Englischen von Bettina Münch

Rowohlt Taschenbuch Verlag

DAVID WALLIAMS

TONY ROSS

In Liebe für
alle meine Freunde
an der Northern
Counties School
D. W.

Für
Kate, Lucy D. und
die Kerswell Gang,
die echten Macoys
T. R.

Deutsche Erstausgabe
Veröffentlicht im Rowohlt Taschenbuch Verlag, Hamburg, April 2020
Copyright © 2020 by Rowohlt Verlag GmbH, Hamburg
Die englische Originalausgabe erschien 2017
unter dem Titel «The World's Worst Children 2»
bei HarperCollins Publishers Ltd., London
Copyright © 2017 by David Walliams
Lektorat Sophie Härtling
Cover-Lettering des Autorennamens Copyright © 2017 by Quentin Blake
David Walliams und Tony Ross sind als Autor
und Illustrator dieses Buches urheberrechtlich geschützt
Satz Konstantin Kleinwächter
Grundschrift ITC Century PostScript, InDesign CC 2018
Druck und Bindung RR Donnelley APS, China
ISBN 978 3 499 000614

DANKESCHÖNS

Ich möchte mich bei einigen der schlimmsten Erwachsenen der Welt bedanken, die mir bei diesem Buch geholfen haben …

Als Erstes bei *meinem Illustrator* **Tony Ross**, der in Buchläden geht und die Bücher anderer Illustratoren verunstaltet, indem er lauter unanständiges Zeug reinmalt.

Dann wäre da *meine Verlegerin* **Ann-Janine Murtagh**, die Autoren durch Brennnesselsträucher zerrt, wenn sie ihre Bücher nicht rechtzeitig abgeben.

Sei gegrüßt, *CEO* von HarperCollins, **Charlie Redmayne**, der sich von allen im Büro nur mit «Seine Königliche Hoheit König Charlie» anreden lässt.

Auch *meinem literarischen Agenten* **Paul Stevens** gebührt mein Dank. Er versteckt seine Vollglatze unter einem lebenden Hamster, den er sich auf den Kopf bindet.

Dann wäre da noch *meine Lektorin* **Alice Blacker**, die im Büro gern schrecklich laut furzt, um dann der netten Dame am Schreibtisch nebenan die Schuld in die Schuhe zu schieben.

Publishing director **KATE BURNS** ist sehr gut darin, anderen Leuten absichtlich auf den Pudding zu niesen, damit sie ihn dann selbst aufessen darf.

Die *Redaktionsleiterin* **Samantha Stewart** ist besser bekannt als das Kulis klauende Gespenst. Sie besitzt eine Sammlung von 20 000 gemopsten Stiften.

Ihr gegenüber sitzt die *Kreativdirektorin* **Val Brathwaite**, die den ganzen Tag damit zubringt, die Flusen aus ihrem Bauchnabel zu futtern.

Art-Director **David McDougall** arbeitet grundsätzlich nur mit einer Unterhose auf dem Kopf.

Meine Umschlaggestalterin **Kate Clarke** spielt Leuten gerne Streiche. Frauen tackert sie das Kleid am Schreibtischstuhl fest, damit es zerreißt, wenn sie aufstehen, und alle ihren Hintern sehen können.

Meine Typographin **Elorine Grant** macht eigentlich einen ganz netten Eindruck, doch das riesige Glas mit «Wunderkugeln» auf ihrem Schreibtisch, aus dem sich alle bedienen dürfen, enthält in Wirklichkeit echte Glasaugen.

Meine PR-Leiterin **Geraldine Stroud** ist die Schlimmste überhaupt. Sie droht Kindern in Buchhandlungen damit, sie zu vermöbeln, wenn sie meine Bücher nicht kaufen. Womit ich übrigens völlig einverstanden bin.

Bei *meiner Pressesprecherin* **Sam White** bedanke ich mich nicht, weil sie nie auch nur einen Finger krummmacht. Stattdessen schlägt sie die Zeit damit tot, sich stinkiges gelbes Schmalz aus den Ohren zu pulen und auf andere Leute zu schnicken.

Ein letztes Dankeschön geht an *meine Audioredakteurin* **Tanya Hougham**, eine durch und durch grausame Person. Sie bestreicht Kopfhörer mit Sekundenkleber, sodass sie einem nach der Aufnahme eines Audiobuches für alle Zeiten am Kopf kleben bleiben.

David Walliams

Im Namen
Ihrer Königlichen Hoheit
DER KÖNIGIN

Liebe Leserin, lieber Leser,

mit dem größten Vergnügen und voller
Stolz erkläre ich dieses Buch für geöffnet.

Dies ist nicht nur für Großbritannien
und die Länder des Commonwealth
ein großer Moment, sondern für alle
Menschen auf dieser Welt.

Wir sind eine **große** Bewunderin des Autors David Walliams. Ja, es erscheint uns sogar höchst verwunderlich, dass wir ihm noch keinen Ehrentitel verliehen haben.

Dame David Walliams klingt viel besser. Wir sind eine große Bewunderin von Dame David Walliams und diesem **herausragenden Buch:** *Die allerschlimmsten Kinder der Welt*, bei dem es sich, wie uns berichtet wurde, um die Fortsetzung von *Die schlimmsten Kinder der Welt* handelt (wer hätte das gedacht?) und das gewiss bald als eines der größten literarischen Werke aller Zeiten gelten wird.

Wir sind keineswegs verstimmt darüber, dass Walliams, dieser nervige Knilch, uns in seinem Buch wieder einmal als Figur benutzt hat, ohne mir auch nur einen Penny dafür zu bezahlen.

Mit königlichen Grüßen,

Ihre Majestät die Königin

INHALT

Die Grausame
GRETE   S. 119

HARRY,   S. 143
der einfach nie seine
Hausaufgaben machte

Der Ehrgeizige
ERKAN   S. 233

TRISCHA
der Troll   S. 209

Nein, nein,
NEILA   S. 257

HUBERT,
das Hungrige Baby

«DU MEINE GÜTE!», rief die Hebamme, als das

Baby kam. Es war der größte Knirps, den sie in ihren vielen

Berufsjahren je gesehen hatte. Wie ein gestrandeter Wal

plumpste er auf den Boden des Kreißsaals.

«Lieber Himmel!», rief der Vater.

Wie hatte dieser DÜRRE Hänfling nur so ein **Riesenbaby** zustande bringen können?

«Ist es hübsch?», fragte die besorgte Mutter. Sie konnte das Neugeborene von ihrem Bett aus nicht sehen.

«Na ja, du weißt ja, *je größer, je hübscher.*»

«Und?»

«Also er ist eindeutig groß.»

«Und wie groß genau?»

«Ich werde ihn für Sie wiegen!», rief die Hebamme. Mit größter Mühe hievte sie das **Monsterbaby** auf die Waage, die unter dem Gewicht augenblicklich zusammenbrach.

«Wie viel wiegt mein kleiner Schatz?», fragte die Mutter.

Die Hebamme betrachtete den Jungen. «Nicht mehr als ein **junges Flusspferd**, würde ich sagen.»

«Ich will ihn sehen!», bat die Mutter.

Die Hebamme musste den Vater um Hilfe bitten, damit sie der Mutter den Säugling auf die Brust legen konnten.

«UFF!» Die arme Frau wurde regelrecht ZERQUETSCHT. Ihr Gesicht lief blau an und die Augen quollen hervor, als wollten sie ihr aus dem Kopf springen.

«ICH KRIEG KEINE LUFT!»,

ächzte sie tonlos.

Als die beiden es geschafft hatten, das Riesenbündel wieder von seiner Mutter herunterzuhieven, fragte der Vater: «Wie wollen wir ihn nennen, Liebling?»

«Hubert!», sagte die Mutter. «Klein Hubert!»

«*Klein* Hubert?», fragte der Vater ein winziges bisschen spöttisch.

Die frischgebackenen Eltern hatten einen hübschen Kinderwagen mitgebracht, in dem sie ihr Baby nach Hause schieben wollten. Doch sobald sie Hubert in den Kinderwagen legten, machte dieser augenblicklich die Grätsche.

KNiRSCH!!

Also stahl das Paar einen Gabelstapler, um seinen Nachwuchs nach Hause zu befördern. Als sie ihn mit Ach und Krach durch die Eingangstür QUETSCHTEN, ergriff die Familienkatze Marmelade durch die Katzenklappe die Flucht.

Die Eltern bugsierten Hubert die Treppe hinauf. Doch sobald er in seiner Wiege lag, zersprang auch sie in Stücke.

Holzsplitter flogen durchs Kinderzimmer und zerschlugen
alles, was in Reichweite war. Es sah aus, als wäre eine Bombe
explodiert.

«Wo soll er jetzt nur schlafen?», fragte der Vater.

«In unserem Bett natürlich!», erwiderte die Mutter.

Also wurde ihr Schlafzimmer zum Kinderzimmer, wo sich das

Baby auf ihrem Doppelbett **breitmachte**.

Die Mutter **schlief** unten auf dem Sofa

und der Vater

stehend

in

einem

Schrank.

Nicht dass sie viel zum Schlafen kamen.

Wenn Hubert nicht alle paar Minuten seine Milch bekam, **schrie** er das ganze Haus zusammen.

Es war ein solcher **Lärm**, dass die Wände wackelten, die Dachziegel klapperten und die Fensterscheiben **zersprangen**.

Eine Flasche Milch war nie genug. Wenn Hubert den
Sauger der ersten Flasche in den Mund nahm, musste
bereits die zweite gefüllt werden. Dann die dritte. Und
die nächste und übernächste. Das Baby hörte nur aus
einem einzigen Grund auf zu trinken: um ein
Bäuerchen zu machen.

«RÜLPS!!!»

Durch die viele
Milch wuchs Hubert
rasend schnell.

Wenn keine Milch mehr im Haus war, schrie Hubert weiter nach Nahrung.

«WHÄÄÄ!!!»

Und wenn man ihn nicht sofort fütterte, rollte er aus dem Bett …

PLUMPS!

kroch die Treppe … hinunter, wie eine riesige Schnecke …

die sich im Breakdance versucht.

Eines Nachts vertilgte Hubert in Sekundenschnelle den gesamten Inhalt des Kühlschranks:

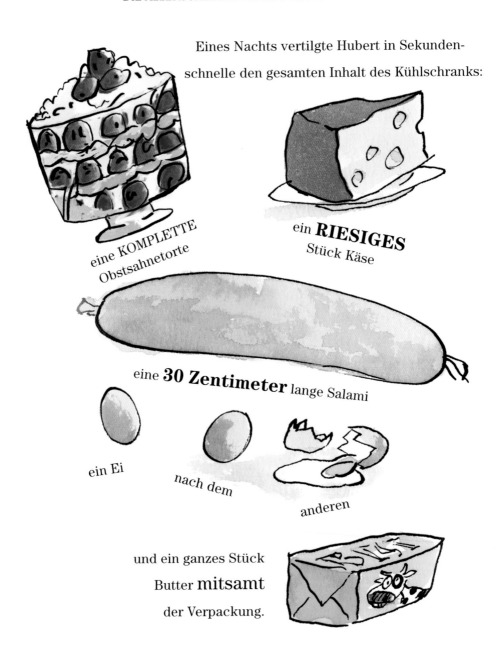

eine KOMPLETTE
Obstsahnetorte

ein **RIESIGES**
Stück Käse

eine **30 Zentimeter** lange Salami

ein Ei

nach dem

anderen

und ein ganzes Stück
Butter **mitsamt**
der Verpackung.

Am Morgen schaute Hubert ganz unschuldig. Doch sein Bäuerchen verriet ihn.

Es war ein butterkäsiges Eier-Wurst-Kompott-Bäuerchen, das den Eltern wie eine Sturmbö entgegenwehte.

Beim Anblick des Massakers in der Küche wurde der Vater wütend. **«Das glaube ich einfach nicht!** Hier ist kein Krümel Essen mehr übrig!»

«Der kleine Hubert ist schließlich im Wachstum!», erwiderte die Mutter.

«Wachstum? Wenn er so weitermacht, ist er Weihnachten so groß wie ein **Elefant**!», fauchte der Vater. «Ich lege ein Kettenschloss um den Kühlschrank!»

«Aber was ist, wenn der kleine Hubert nachts etwas schnabulieren möchte?»

«Schnabulieren?!», rief der Vater aus. «Unser Sohn frisst uns noch die Haare vom Kopf. Ich bringe alles, was noch übrig ist, vor ihm in Sicherheit!»

Und genau das tat der Vater, während die Mutter grollte. Er räumte alles ins oberste Regalfach, an das er selbst kaum heranreichte. Hubert würde die Plätzchen, das Müsli und den Kuchen auf keinen Fall in die Hände bekommen. Dachte sein Vater jedenfalls.

Kurz darauf ging Huberts Geschrei aufs Neue los, weil er gefüttert werden wollte.

«WHÄÄÄ!»

An diesem Abend gab die Mutter ihrem Baby sogar noch mehr Milch als sonst. Einen Liter nach dem anderen.

Sie schnitt den Boden der Trinkflasche auf, damit man Milch nachschütten konnte, ohne Huberts Fütterung zu unterbrechen.

«Beeil dich!», befahl die Mutter.

«Ich gebe mein Bestes!», rief der Vater, als er loslief, um Nachschub zu holen.

Als er auf der Treppe stolperte, fiel ihm der Karton aus der Hand.

«WHÄÄÄ!!», brüllte Hubert.

Dann verschlang er einfach den kompletten Milchkarton.

«Meine Güte, irgendwann *muss* er doch satt sein!», meinte der Vater.

KAU!

«RÜLPS!»

«Schlaf gut, kleiner Hubert», sagte die Mutter und gab ihrem Baby einen Kuss auf die Stirn.

Hubert rülpste seiner Mutter ein stürmisch-feuchtes Milchbäuerchen ins Gesicht.

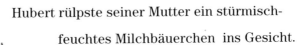

«RÜLPS!!!»

Der Vater grinste.

«Komm, Liebling, es war wieder ein sehr anstrengender Tag», sagte er. «Versuchen wir ein bisschen zu schlafen.»

Die Mutter legte sich aufs Sofa und der Vater stellte sich in den Schrank. Beide schliefen ein.

«ZZZ … ZZZ…»

«ZZZZ… ZZZZ…»

Kurz darauf fing Hubert an zu schreien.

«WHÄÄÄ!!!»

Niemand kam angelaufen, denn seine Eltern schliefen tief und fest, und so rollte sich das Riesenbaby ganz allein aus seinem Bett.

PLUMPS!

Es robbte die Treppe hinunter und krabbelte in die Küche. Sämtliche Nahrungsmittel waren außer Reichweite gebracht worden, also musste Hubert sich etwas einfallen lassen.

Als Erstes versuchte er zu **hüpfen**. Er war zwar kugelrund, aber schlicht und einfach zu schwer, um abzuheben. Als Nächstes stellte er sich auf einen Kochtopf, kam aber immer noch nicht an das Essen heran.

Also griff Hubert nach einem dicken Kochbuch und legte es auf den Kochtopf. Das Essen war immer noch außer Reichweite. Da zog er die arme Marmelade am Schwanz zu sich.

«**MIAUuu!**»,

schrie die Katze.

Hubert legte sie oben auf den Stapel und trat dann mit seinem dicken Speckfuß auf sie. «**MIAUuu!**»

Als er entdeckte, wonach er gesucht hatte, riss Hubert die Augen auf.

Essen. Wunderbares Essen.

Das Riesenbaby stand immer noch auf der Katze. Seine Füße quetschten das arme Wesen so sehr, dass es mehrere laute Quietscher ausstieß. Es hörte sich an, als spiele Hubert auf einem Dudelsack.

«MIAUUUU! MIAUU!»

Es dauerte nicht lang, bis Hubert sämtliche Dosen, Schachteln und Päckchen zusammengerafft hatte.

Dann begann sein phantastisches Festmahl.

Zuerst vertilgte er eine Menge an Marsh-mallows, die so viel wog wie er selbst.

Das sind mächtig viele Marshmallows.

«RÜLPS!!!»

Dann verschlang er mehrere
Sorten Müsli. Mitsamt den
Schachteln.

Als Nächstes machte er sich über
verschiedene Nachspeisen her.

Milchreis

«RÜLPS!»

Ananasstückchen

Schokoladenbiskuit

Hubert war noch zu klein, um zu wissen, wie man einen
Dosenöffner benutzt. Also aß er auch die Dosen mit.

«RÜLPS!»

Als Nächstes entdeckte das Kerlchen ein großes Glas Senf.
Es roch komisch. Hubert steckte die Finger hinein und klaubte
eine ordentliche Portion heraus. «BÄH!»

Wie die meisten Kinder mochte Hubert
keinen Senf. Er spuckte alles aus …

«PFFT!»

… und schleuderte das Glas quer durch
die Küche. Ein Schwall Senf ergoss sich
über den Boden.

Jetzt musste Hubert unbedingt etwas essen, um den Senfgeschmack wieder loszuwerden.

Das Riesenbaby sah sich in der Küche um.

Es war kein Krümel mehr übrig. Hubert hatte sich alles einverleibt. Die Speisekammer war leer. Der Kühlschrank war leer.

Hubert fuhr mit der Zunge über die Wand, um den scharfen Senfgeschmack loszuwerden, aber es half nichts.

Der armen Marmelade hatte es überhaupt nicht gefallen, als Tritthilfe zu dienen, sie lag zusammengerollt in ihrem Körbchen.

Hubert sah Marmelade an.

Marmelade sah Hubert an.

Könnte er?

Sollte er?

Würde er?

„RÜLPS!"

„MIAUU!"

Ja, er würde.

Die arme Katze wurde mit

einem Happs verschluckt.

Als Mutter und Vater am nächsten Morgen in die Küche kamen, um Frühstück zu machen, rutschte der Vater in der Senfpfütze aus.

«AUA!»

Er schoss über den Küchenboden und war im Nu von oben bis unten voller Senf.

wUₛCH!

«Ach, du Dummerjan!», rief die Mutter.

«Ich habe das Zeug dort nicht hingetan!», beteuerte der Vater und versuchte, sich den Senf vom Schlafanzug zu wischen. «Im Gegenteil. Ich habe ihn ganz oben ins Regal gepackt, damit Du-weißt-schon-wer nicht herankommt!»

Misstrauisch öffnete der Vater die Tür der Speisekammer.

«Es ist schon wieder kein Krümel Essen mehr im Haus. Wir werden noch verhungern!»

Er rannte ins Schlafzimmer hinauf, wo Hubert es sich wie üblich auf dem bequem gemacht hatte, was einmal das

Doppelbett seiner Eltern gewesen war. Er hatte ordentlich zugelegt nach seinem Mitternachtsmahl und wurde allmählich zu groß für das Zimmer.

«RRRÜÜÜLLLLLPPPS!!!»,

machte das Baby.

So laut, dass das ganze Haus wackelte.

WACKEL!

Ein riesiges oranges Pelzknäuel schoss aus seinem Mund.

«ICH FASSE ES NICHT!!», schrie der Vater.
«ER HAT DIE KATZE GEFRESSEN!»

Die Mutter kam nach oben gelaufen und stürmte ins Zimmer.

«Nein!»

«Sieh doch!», sagte der Vater und wies auf das Fellknäuel.

«Dann muss sich die dumme alte Marmelade nachts
in den Mund von meinem armen kleinen Hubert verirrt
haben», überlegte die Mutter.

«Sie war doch keine Fliege!

Marmelade war eine Katze.

**Ein große pelzige
Katze!»**

«RRRRüüüüüLLLLPPS!!!»

Es war ein Bäuerchen,
das eine uralte Stadt
dem Erdboden hätte
gleichmachen können.
Die Eltern mussten sich
aneinander festhalten, um
auf den Füßen zu bleiben.

«Die böse Katze hat meinem armen kleinen Hubert eine Verstopfung beschert! Schnell, Vater, ruf einen Krankenwagen!»

Der Vater gehorchte. Er rannte aus dem Schlafzimmer und die Treppe hinunter zum Telefon.

«Hallo? Bitte schicken Sie einen Krankenwagen. Es geht um unser Baby. Der Junge hat gerade eine Katze gegessen. Nein, die Katze war nicht gebraten – sie war roh …»

«AAAAAHHHHHH!»,

ertönte ein Schrei von oben.

Ihm folgte ein donnerndes

«RRRRRÜÜÜÜÜÜ ÜÜLLLL LLPPPPSSS!»

«… *gut möglich, dass er gerade meine Frau gegessen hat!* Ja, roh. Bitte kommen Sie schnell!»

Der Vater ließ das Telefon fallen und rannte wieder nach oben.

Als er die Schlafzimmertür öffnete, sah er nur noch die Füße seiner Frau aus dem Mund seines kleinen Sohnes ragen. Hubert mümmelte gerade ihre flauschigen pinken Pantoffeln.

RÜLPS!

Vor den Augen des Vaters wurde Hubert größer und größer und größer. Als wäre das Baby eine Luftmatratze, die gerade aufgeblasen wird.

Unter seinem **Gewicht** gab das Bett nach.

KNACKS!

Unsicher kam Hubert auf die Beine. Das Baby war jetzt größer als sein Vater und stieß mit dem Kopf an die Decke. Ein Schneesturm aus Gips wehte durch das Zimmer.

STAPF!

Durch den Gipsnebel sah der Vater das Baby auf sich zu-kommen und dabei alles verschlingen, was ihm in die Quere kam.

Ein Bücherregal.
«RÜLPS!»

Einen Lehnstuhl.
«RÜLPS!»

Die Frisierkommode.
«RÜLPS!»

Panik huschte über das Gesicht des Vaters, der in diesem Augenblick etwas begriff. Etwas Schreckliches ...

Er würde der Nächste sein!

TATÜ-TATA! TATÜ-TATA!

Der Krankenwagen kam.

Der Vater musste aus dem Haus. Und zwar schnell.

Er rutschte über das Treppengeländer …

WUUSCH!

… und erreichte die Haustür. Verzweifelt begann er sie aufzuschließen. Als er einen Blick über die Schulter warf, sah er Hubert auf seinem Riesenpopo die Stufen hinunterplumpsen, dass sämtliche Bilder von der Wand flogen.

KLIRR! PENG! SCHEPPER!

Wenn Hubert seinen Vater nicht auffraß, würde er ihn mit Sicherheit zerdrücken.

Immer noch in seinem senfgetränkten Schlafanzug, schoss der Vater zur Haustür hinaus, die er hinter sich zuschlug.

Doch das hielt Hubert nicht auf.

O nein!

Das Baby durchbrach die Vorderfront des Hauses ...

KABUUM!

... und die Ziegelsteine flogen nur so durch die Luft. Rings um den Vater fielen sie zu Boden.

PLOP!

PLOP!

PLOP!

Ohne seine Vorderfront geriet das ganze Haus ins Wanken ...

KNACK!

... und brach schließlich in einer gewaltigen Explosion aus Staub und Trümmern in sich zusammen.

Der Vater versteckte sich schnell hinter einem Gebüsch.

TATÜ-TATA! TATÜ-TATA!

Mit quietschenden Reifen hielt der Rettungswagen vor dem, was vom Haus der Familie noch übrig war.

Kaum war er stehen geblieben, kam Hubert angestapft. Mühelos hob er den Rettungswagen hoch.

«AAHH!», schrie der Fahrer, der mit einem Satz heraussprang und hart auf dem Boden landete. «UFF!»

Entsetzt sah er, wie das Riesenbaby den Rettungswagen mit der bloßen Hand zerquetschte.

KNIRSCH!

«WHÄÄÄ!!!»

Hubert hatte wieder Hunger.

Er biss ein gigantisches Stück von dem Wagen ab.

«RÜLPS!!!»

Und noch eins. «RÜLPS!!!»

Bis er ihn völlig vertilgt hatte.

«SCHLUCK! RÜLPS!!!»

Hinter dem Gebüsch beschloss der Vater, dass es sicherer sei, die Beine in die Hand zu nehmen. Er rannte die Straße hinunter, doch das Riesenbaby **donnerte** hinter ihm her.

BUM! BUM! BUM!

Jeder Schritt war wie ein Erdbeben.

Hubert schnappte sich einen vorbeispringenden Pudel und aß ihn.

«RÜLPS!!!»

Die kleine alte Dame, die den Pudel spazieren geführt hatte, ließ die Leine nicht los und wurde ebenfalls verschluckt.

«RÜLPS!!!»

Der Vater rannte und rannte. Das Riesenbaby folgte ihm. Es riss einen Baum aus und zerkaute ihn zu Brei.

«RÜLPS!!!»

Dann verschluckte es einen Doppeldeckerbus.

Als Nächstes kam ein ganzes Aufgebot an Streifenwagen die Straße entlanggerast. Sie formierten sich zu einer Straßenblockade. Die Wagen wurden nacheinander in die Luft geschleudert und verschwanden wie Erdnüsse im Mund des Babys.

«RÜLPS!»

Je mehr Hubert aß, desto größer und größer wurde er.

Inzwischen war er so groß wie ein *Tyrannosaurus Rex*.

Der Vater rannte über die Brücke in die Innenstadt. Er hoffte, dem Baby dort entwischen zu können.

Doch in der Innenstadt gab es nur noch mehr Dinge, die Hubert essen konnte.

Straßenlampen.

Denkmäler.

Autos.

Lastwagen.

Selbst ein Feuerwehrauto verschlang er mit einem Happs.

«RRRÜÜÜLLLPPS!!!»

Vor sich erblickte der Vater ein sehr hohes Gebäude. Es war bestimmt tausend Stockwerke hoch. Ganz oben wäre er doch sicher außer Reichweite seines gefräßigen Söhnchens. Seitlich am Gebäude befand sich ein gläserner Aufzug. Hektisch drückte der Vater auf den Knopf für das 1000. Stockwerk und begann blitzschnell nach oben zu schweben.

In der Sicherheit des Aufzugs atmete er erleichtert auf.

PING!

Mit einem Ruck erreichte der Lift das oberste Stockwerk. Die Tür glitt auf, und der Vater eilte aufs Dach hinaus. Als er nach unten schaute, sah er, dass das Baby am Gebäude hinaufkletterte.

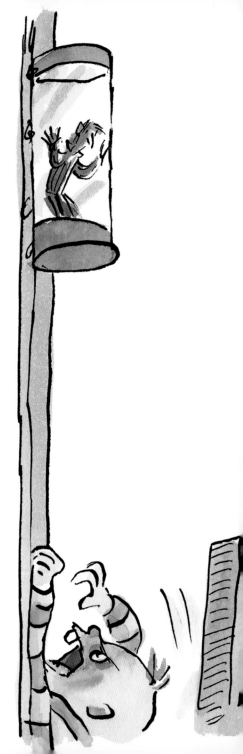

«NEEEIN!»,

schrie der Vater.

SCHWIRRR!

Er sah nach oben.

Über ihm schwebte ein

Polizeihubschrauber. Der

Pilot lehnte sich mit einem

Megaphon heraus.

«RIESENBABYDING! BITTE BEGIB DICH ZURÜCK AUF DIE STRASSE! UND HÖR AUF, ALLES ZU ESSEN!»

Hubert streckte den Arm aus und wischte den Hubschrauber beiseite wie eine lästige Fliege. Als das Fluggerät taumelnd abstürzte, griff das Riesenbaby danach und aß es auf.

«RÜLPS!»

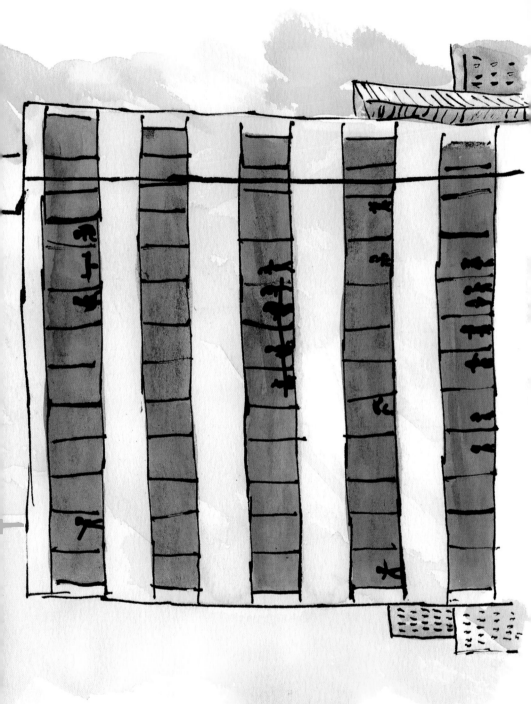

In null Komma nichts erreichte Hubert die Spitze des Gebäudes. Der Vater saß in der Falle. Die gigantische Hand des Babys griff nach ihm und hob ihn auf.

«Bitte iss mich nicht!», flehte der Mann. «Ich bin dein Vater!»

Doch das Baby lächelte nur mit seinem fast zahnlosen Mund.

«AAHH!», schrie der Vater, als er im Mund seines Babys verschwand.

Doch im nächsten Moment spuckte das Baby ihn wieder aus. «IGITT!»

«Der Senf!», rief der Vater, als er sich auf dem Dach des Hochhauses aufrappelte. Dass er auf der würzigen Soße ausgerutscht war, hatte ihm das Leben gerettet.

In diesem Moment *zischten* drei Düsenjets vorbei.

«NICHT SCHIESSEN!», schrie der Vater.

«Wir müssen nur jeden Mann, jede Frau und jedes Kind auf der Welt mit Senf einschmieren, dann geschieht uns nichts!»

Das Baby streckte die Hand aus, schnappte sich einen der Kampfjets und mampfte ihn.

«RÜLPS!»

Dann den zweiten.

«RÜLPS!»

Der Pilot des dritten Jets wollte sich schnell davonmachen. Hubert griff nach ihm und verlor dabei das Gleichgewicht.

«NEEEEEIIN!»,

schrie der Vater, als das große Baby in die Tiefe stürzte.

«AAAH!!!»

Hubert, das Hungrige Baby, ist nicht mehr.

Also wie lautet die Moral dieser Geschichte?

Ganz einfach. Egal, wie hungrig du bist, versuche **NIEMALS** drei Kampfjets auf einmal zu essen. Zwei sind mehr als genug.

WOM!

SELINA
Superstar

SEIT IHRER SPEKTAKULÄREN Antrittsvorstellung auf dieser Welt, am Tag ihrer Geburt, hielt Selina Semmel es für ihre Bestimmung, berühmt zu werden. Mit zehn war sie felsenfest davon überzeugt, dass aus ihr der größte Star werden würde, der je gelebt hatte.

Sie hatte alles genau **GEPLANT**.

Selina würde der hellste Stern der Unterhaltungsbranche werden, Millionen Alben verkaufen und mit Preisen und Auszeichnungen überschüttet werden. Außerdem würde sie selbst die Hauptrolle in einem fünfstündigen Kinofilm spielen, der den schlichten Titel trug

Selina Semmel: Der Mythos hinter der Legende

Noch zu ihren Lebzeiten würde man in ihrer Heimatstadt zu ihren Ehren eine goldene Statue und ein Museum errichten.

Im **SEMMEL MUSEUM** würde es jedoch keine Semmeln zu sehen geben, sondern Selinas persönliche Sammlung aus Abendkleidern, Auszeichnungen und natürlich Fotos, auf denen sie mitsamt ihren Abendkleidern und Auszeichnungen zu sehen war. Auf diese Weise würde sie über ihren Tod hinaus berühmt bleiben und bis in alle Ewigkeit gefeiert werden. **Und** noch länger.

Es gab nur ein Problem.

Selina hatte **überhaupt kein Talent.**

Wenn sie zu singen begann, bekamen die Leute Ohren-
schmerzen von dem Lärm. Es klang eher nach Jaulen als nach
Gesang. Obwohl Selinas bedauernswerte Eltern ihr gesamtes
Vermögen in Gesangsstunden für
ihre ruhmsüchtige Tochter
investierten, wurde Selina
einfach nicht besser. Sie
wurde sogar schlechter.
Jedes Mal, wenn sie den
Mund aufmachte, um zu
singen, geschah etwas
Schreckliches.

Einmal sprang in der Schule
ihr Musiklehrer aus dem Fenster des
Musikraums und stürzte fünf Stockwerke in die Tiefe. Als
man ihn fand, sah er regelrecht erleichtert aus.

Als Selina in der Küche eine lange Ballade anstimmte, schrie
und **flehte** ihre Mutter sie an, doch bitte aufzuhören. Da ihre
Tochter nur noch lauter sang, versteckte sich die Frau im Ge-
frierschrank. Es dauerte Wochen, sie wieder herauszusägen.

Wenn Selina in ihrem Zimmer übte, sprang ihr Goldfisch Beyoncé aus seinem Glas, und ihr Hamster, Mariah, sprang hinein.

Als sie eines Abends im Badezimmer sang, fielen sämtliche Kacheln von der Wand.

Und als sie auf einer Schulversammlung Weihnachtslieder anstimmte, löste die Direktorin den Feueralarm aus, und die Schule wurde **evakuiert**.

Wenn Selina summend durch den Wald spazierte, fielen hinter ihr die Bäume um.

Für eine Gruppe **älterer Damen**, die glücklicherweise alle taub waren, stimmte sie eines Abends im örtlichen Gemeindesaal ein besonders hohes Liebeslied an, worauf die Tassen *zersprangen* und die Damen mit Tee bespritzt wurden.

Beim Üben von Tonleitern warf sich Selinas Gesangslehrerin eines Nachmittags mit einem Hechtsprung in den Flügel und zog den Deckel über sich zu.

Als Selina ganz hinten im Garten üben musste, ging die Gartenhütte freiwillig in Flammen auf und brannte bis auf die Grundmauern nieder.

Beim Üben auf der Kuppe eines Hügels fiel eine Schar Vögel tot vom Himmel und landete direkt vor Selinas Füßen.

Dennoch hielt sie sich weiter für die beste Sängerin auf der Welt. Sie hatte recht und alle anderen unrecht. Vor allem ihr Goldfisch. Deshalb beschloss Selina eines Tages, bei einem Talentwettbewerb im Fernsehen mitzumachen. Sie war überzeugt, dass es *ihr erster Schritt zum Ruhm* sein würde.

Die Eltern flehten ihre Tochter an, nicht bei **DER EGOFAKTOR** vorzusingen. Sie wussten, dass es nur in einer Katastrophe enden konnte. Gut möglich, dass die Jury und das Publikum Selina laut schreiend zum Einhalten bringen oder – noch schlimmer – sie für ihren grausigen Gesang auslachen würden.

«Seid ihr verrückt?», empörte sich Selina. «SELINA SEMMEL ist die geborene Siegerin!»

«Aber du *bist* Selina Semmel», sagte die Mutter.

«Ich weiß!», sagte Selina. «Und ich, **ſELINA ſEMMEL,** werde live im Fernsehen zur besten Sängerin aller Zeiten gekürt werden!»

Der Vater versuchte es auf die sanfte Art. «Aber was ist, wenn du einen schlechten Tag hast, mein Schatz?»

«ſELINA ſEMMEL hat keine schlechten Tage!»,

tobte Selina Semmel.

«Aber du *bist* Selina Semmel», sagte die Mutter wieder.

«Ich weiß, Dummkopf. Mein Vorsingen wird ein Triumph. Es wird **ſELINA ſEMMELſ** erster Schritt auf dem Weg zum Superstar. Nein .. Megastar! Nein … Hyperstar! Zum supermega RIESENSTAR. Bisher hat **ſELINA ſEMMEL** mit ihrem Gesang noch jedes Mal eine unglaubliche Reaktion hervorgerufen.»

«Zum letzten Mal, du *bist* –»

Doch bevor die Mutter ihren Satz beenden konnte, mischte sich der Vater ein. «Das stimmt, mein liebes Töchterchen, die Leute waren jedes Mal wirklich völlig außer sich.»

«Genau!», erwiderte Selina. «**SELINA SEMMEL** weiß, dass **SELINA SEMMEL** der berühmteste Mensch der Welt werden wird, sobald sie live im Fernsehen singt.»

«O nein», murmelte der Vater.

«… der berühmteste Mensch aller Zeiten.»

«Ich dachte, du wärst fertig.»

«… für alle Ewigkeit.»

«Bist du jetzt fertig?»

«… und darüber hinaus.» Selina überlegte kurz. «Ja. **SELINA SEMMEL** ist fertig.»

Die Entscheidung war gefallen. Also wurden Formulare ausgefüllt, telefoniert und für Selina ein superteures Abendkleid angeschafft, für das die Familie ihr Auto verkaufen musste.

Schließlich kam der Abend des Vorsingens. Da die Mutter nach den wochenlangen pausenlosen Proben an den Nordpol ausgewandert war, fuhren Vater und Tochter mit dem Bus zum Theater. Selinas Kleid war so ausladend, dass sie die ganze Rückbank einnahm.

Während Selina auf die Bühne fegte, wartete der Vater nervös hinter den Kulissen.

«Wie heißt du?», fragte der Leiter der Jury, Tyson Trowel. Er war ein sehr eitler Mann. Obwohl er mindestens schon neunzig war, hatte er eine künstlich aussehende orange Hautfarbe, Zähne, die im Dunkeln leuchteten, und eine Perücke, die wie ein zusammengekauerter Dachs auf seinem Kopf saß. Er gehörte zu den Menschen, die ihre Sonnenbrille auch im Dunkeln nicht absetzen. Es gab noch drei weitere Juroren, aber die wurden nur dafür bezahlt, dazusitzen, schön auszusehen und die Klappe zu halten. Beim **EGOFAKTOR** ging es nur um Tyson Trowel.

«**SELINA SEMMEL**», antwortete Selina. «Diesen Namen wird man nach diesem Abend nie mehr vergessen.»

Das Publikum begann zu murmeln. Wer war dieses Mädchen mit dem riesigen Selbstbewusstsein?

Tyson Trowel hatte ein schlechtes Gedächtnis. «Entschuldige, wie heißt du noch mal?»

«**SELINA SEMMEL.**»

«Also, Selina Semmel, was wirst du heute Abend für uns singen?»

«Ein Liebeslied», sagte Selina. «Es handelt von der großen Liebe.»

«Und an wen wirst du denken, wenn du es singst?», fragte Tyson.

«An mich», erwiderte Selina.

Das Publikum lachte. Selbst Tyson Trowel, der an keinem Spiegel vorübergehen konnte, ohne sich selbst zu bewundern, grinste.

«Äh, entschuldige, wie war noch mal dein Name?»

«SELINA SEMMEL.» Der kleine Mann begann Selina allmählich auf die Nerven zu gehen.

«Und bist du denn gut, Selina Semmel?»

«In aller Bescheidenheit, **ƒELINA ƒEMMEL** ist die größte Sängerin aller Zeiten.»

Wieder kicherte das Publikum. Die Show hatte schon einige aufgeblasene Leute gesehen, aber dieses Mädchen schlug alle Rekorde.

«Tja, entschuldige, wie heißt du noch mal?»

«ƒELINA ƒEMMEL.»

«Selina Semmel. Die Bühne gehört dir …»

Die Lichter erloschen und ein riesiger Scheinwerfer richtete
sich auf Selina in ihrem gewaltigen Kleid, das sie aussehen
ließ wie ein riesiges Stück Schaumgebäck.

Der Vater hatte seiner Tochter hinter der Bühne mit wachsender
Verlegenheit zugehört. Dies war sein Moment. Selina hatte ihm
einen einfachen Auftrag gegeben: Auf ihr Nicken hin sollte er die

CD mit der Hintergrundmusik abspielen, zu der sie singen wollte. Doch weil er seiner Tochter die **ULTIMATIVE DEMÜTIGUNG** live und im Fernsehen ersparen wollte, hatte der Mann einen geheimen Plan. Er hatte die CD ohne Gesang gegen jene ausgetauscht, auf der eine berühmte Sängerin das Stück sang. Sobald Selina ihr Lied zu schmettern begann, wollte er den Stecker ihres Mikrophons aus der Steckdose ziehen, sodass sie nicht mehr zu hören sein würde. So würden alle denken, Selina Semmel hätte eine phantastische Stimme und keine, die klang wie Fingernägel, die über eine Tafel kratzten.

Selina holte tief Luft und nickte ihrem Vater zu. Der drückte auf «Play», nachdem er rechtzeitig daran gedacht hatte, die von einem SUPERSTAR besungene Scheibe in den CD-Spieler zu legen.

Als hinter den Kulissen niemand hinsah, wickelte er sich das Kabel von Selinas Mikrophon um den Fuß und riss es aus der Wand.

Die Musik setzte ein.

Selina öffnete den Mund, und die Juroren, das Publikum im Theater und die **Millionen** Menschen vor den Fernsehern zu Hause waren augenblicklich verzaubert. Die Juroren begannen auf der Stelle zu klatschen, und das Publikum sprang von den Sitzen. Sie alle waren der Meinung, Selina Semmel hatte die Stimme eines SUPERSTARS.

Der Vater drehte die Musik so laut es ging, um das Gejaule seiner Tochter zu übertönen.

Selina bekam von dem Täuschungsmanöver ihres Vaters nicht das Geringste mit. Es war genau die Reaktion, die sie von Anfang an erwartet hatte. Die absolute Huldigung ihres Talents. Vor ihrem geistigen Auge sah sie ihre Zukunft: mit ihrem eigenen Privatflugzeug, der **AIR SEMMEL ONE**. Einem Rolls-Royce mit Chauffeur, der sie auf dem Rollfeld abholte, um sie zum Stadion zu bringen. Sie sah Hunderte weiße Kätzchen, mit denen sie Backstage vor ihrer Show spielen konnte. Abertausende Fans, die ihr applaudierten, noch ehe sie den ersten Ton gesungen hatte. *Die größten Diamanten* der Welt baumelten an ihren Ohren. Nach jedem Song erfolgte ein Kostümwechsel. Die Bühne war nach jedem Konzert kniehoch mit Blumen bedeckt.

Hinter der Bühne **lächelte** Selinas Vater vor sich hin. Sein Plan hätte nicht besser funktionieren können.

Doch dieses Lächeln schwand, als die Katastrophe ihren Lauf nahm. Genau auf dem Höhepunkt des Songs stampfte Selina mit dem Fuß auf, und die CD blieb hängen.

Die Stimme auf der CD sang immer und immer wieder dasselbe Wort.

«LOVE – LOVE – LOVE – LOVE – LOVE – Love –»

Das Publikum begriff, dass es hereingelegt worden war. Und plötzlich waren alle sehr, **sehr** aufgebracht. Dieses Mädchen war eine Betrügerin! Die Buhrufe wurden ohrenbetäubend.

«BUH!»

In seiner Panik drückte der Vater auf «Stopp» und eilte auf die Bühne, um seine Tochter fortzuholen und sie vor der aufgebrachten Menge zu retten.

«Wer sind Sie?», wollte Tyson Trowel wissen.

«Ich bin der Vater dieses Mädchens, Sir!», erwiderte der Mann, als er die Arme ausstreckte, um seine Tochter von der Bühne zu ziehen. «Das ist alles meine Schuld. Bitte vergeben Sie mir. Ich wollte, dass Selina ihre Sache gut macht, deshalb habe ich die CDs vertauscht. Bitte, bitte, bitte geben Sie nicht ihr die Schuld!»

«Du hast ALLES kaputtgemacht, Papa!»,

schrie Selina. Dann boxte sie ihrem Vater auf die Nase.

«Au!», schrie der Mann.

Das Publikum **buhte** wieder.

«BUH!»

«Ach, haltet die Klappe!», fauchte Selina die Leute an, die jetzt noch lauter **buhten**.

«BUH!»

«*Bitte*, Selina», flehte ihr Vater. «Ich wollte einfach nicht, dass man dich auslacht.»

«Auslacht?!» Selina traute ihren Ohren nicht.

«**SELINA SEMMEL** ist die großartigste Sängerin, die die Welt je gesehen hat!»

«BUH!»

Da ergriff Tyson Trowel das Wort, der ahnte, dass diese großartige Showeinlage ihm die besten Kritiken einbringen würde.

«Bitte, liebes Publikum. Seid still!»

Die Leute gehorchten.

«Und jetzt, entschuldige, wie war dein Name noch mal?»

«SELINA SEMMEL!»

«Selina Semmel, warum singst du nicht einfach ohne musikalische Begleitung für uns?»

«Nein!», flehte der Vater.

«Klar!», erwiderte Selina. «Diesen Moment wird man bis in alle Ewigkeit als die Geburtsstunde eines SUPERSTARS in Erinnerung behalten.»

«Wunderbar», murmelte Tyson, der sich hämisch die Hände rieb.

Selina holte tief Luft. Ihr Vater duckte sich und steckte die Finger in die Ohren.

Im nächsten Moment erfüllten derartig unerträgliche Töne

das Theater, dass man lieber bis in alle Ewigkeit Schläge ertragen würde, als noch eine Sekunde länger zuzuhören.

«AAAH!»,
schrie das
Publikum.

Der grauenhafte Lärm
fegte Tyson Trowel die
Perücke vom Kopf.

HuiI!

Selina sang wie immer einfach weiter. Dann traf sie einen besonders hohen Ton.

«Laaaaaa ...!»

«Laaaaaa

«Laaaaa

Der Ton war so durchdringend, dass die
Decke des Theaters einen Riss bekam.

KRACKS!

Ein riesiger Kronleuchter
fiel zu Boden.

KLIRR!

Die Wände begannen
zu wackeln …

...!» WACKEL!

«Laaaaaaa ...!»

Das Publikum schrie und rannte um sein Leben …

Tyson suchte verzweifelt nach seiner Perücke und wurde unter Tonnen von Schutt begraben.

«NEEIIN!»

Staub wirbelte auf, als hätte es tatsächlich eine Explosion gegeben.

WUSCH!

All das wurde live im Fernsehen übertragen, bis sich die Bildschirme der Zuschauer schwarz färbten, weil die Kameras kaputtgingen ...

«AAAH!»

... und das ganze Theater zusammenbrac

KRAWUMM!

Es war ein bedeutender Abend in der Geschichte der Unterhaltungsbranche. Einer, den man nie vergessen würde.

Und so erfüllte sich Selinas Traum. Sie wurde unglaublich berühmt. Allerdings dafür, die schlechteste Sängerin der Welt zu sein, statt umgekehrt. Das einzig Positive war, dass ihretwegen Tyson Trowel ins Krankenhaus musste und er eine ganze Woche lang nicht im Fernsehen auftreten konnte.

Obwohl das Theater komplett eingestürzt war und **aus abertausend Tonnen von Trümmern** bestand, gab der Vater die Suche nach seiner Tochter nicht auf.

Nachdem er tage- und nächtelang mit bloßen Händen nach ihr gegraben hatte, fand er sie schließlich.

«Selina!»,

rief er mit Tränen
in den Augen.

Das Kleid des Mädchens bestand nur noch aus Fetzen, ihr Mund war voller Staub, und sie starrte vor Dreck. Doch als der Vater seine Tochter tränenüberströmt aus den Trümmern zog, waren ihre ersten Worte …

«Bin ich in der nächsten Runde?»

Der Mäkelige MATTES

SCHOKOLADE

ABER

ZACKIG

Der Mäkelige
MATTES

MATTES WAR MÄKELIG. Er aß weder Obst noch Gemüse.
Wenn irgendwas davon auf seinem Abendbrotteller landete,
wurde es sofort entfernt. Rosenkohl schnickte er quer
durch die Küche.

Brokkoli warf er einfach über die Schulter.

Tomaten klatschte er an die Decke.

Auberginen *schleuderte* er der unglücklichen Person an den Kopf, die sie ihm aufgetan hatte.

Rhabarber war Mattes' größter Albtraum. Wie viele mäkelige Esser hatte er die Dinge, die er am meisten **hasste**, noch nie wirklich probiert, aber für Mattes roch und sah Rhabarber einfach «bäh» aus. Sobald er mit einem Rhabarberstängel in Berührung kam, stopfte er ihn in die Kloschüssel.

«Mach's gut, Stinke-Rhababa! Und tschüss! Haha!», sagte er, während er dem Stängel zusah, der kreiselnd im Abfluss verschwand.

Jeden Morgen beim Frühstück bekniete die Mutter ihren Sohn: «Du brauchst deine fünf Portionen Obst und Gemüse am Tag, Mattes!» Die beiden wohnten in einem kleinen Haus am hintersten Ende der Stadt, im Schatten eines riesigen Atomkraftwerks, das im Dunkeln **LEUCHTETE** und Tag und Nacht SUMMTE.

«Ich kriege meine fünf am Tag, Ma!», FAUCHTE Mattes.

«Chips, Kekse, Schokolade, Kuchen und Kekse.»

«Die Kekse hast du zwei Mal gezählt!»

«Na, weil ich zwei Packungen am Tag verdrücke, **menno!**»
Mattes' Tagesmenü sah folgendermaßen aus:

FRÜHSTÜCK:
Eine Schale Chips mit Eiscreme

...

ZWEITES FRÜHSTÜCK:
Gezuckerte Bonbons

...

MITTAGESSEN, HAUPTGANG:
Eine Packung in Schokosoße
getauchte Schokoladenkekse

NACHTISCH:
Ein tiefgefrorenes Törtchen

NACHMITTAGSKAFFEE:

Eine Packung Schokokekse

mit extra viel Schokolade,

dazu ein Glas Sirup

...

ABENDESSEN, HAUPTGANG:

Ein Schokoladenei auf

einem Bett aus Chips

NACHTISCH:

Ein Brocken Karamell

mit Karamellsoße

...

BETTHUPFERL:

Eine Tüte Karamellbonbons

Die Mutter war ganz krank vor Sorge um ihren Sohn.

Sein **fürchterliches** Essverhalten sorgte dafür, dass er jeden Tag dicker, blasser und pickeliger wurde. Also beschloss die Mutter, in ihrem Heim eine **Ernährungsrevolution** einzuläuten. Mattes würde jeden Tag frisches Obst und Gemüse essen, ob es ihm gefiel oder nicht.

DAS GEMÜSE wartet auf dich

«Was gibt's zum Frühstück, Ma? Ich bin am Verhungern. Entweder Schokolade, oder ich lass mich adoptieren.»

«Es ist noch besser als Schokolade! Du wirst schon sehen.»

Da holte Mattes' Mutter einen Teller heraus, den sie unter einem Geschirrtuch versteckt hatte.

«Ta-ta!», rief sie aufgeregt.

«Was 'n das, Ma?», wollte Mattes wissen.

«Das ist eine Pampelmuse.»

«Eine was?»

«Eine Pampelmuse. Sie schmeckt wirklich gut. Probier mal.»

Mattes sah das Ding verächtlich an. Dann beugte er sich vor und schnupperte.

«BOAH! DIE STINKT WIE HULLE!»

«Sie riecht frisch.»

«Sie riecht ekelhaftig. So was ess ich nicht, du gemeine alte Kuh! Gib mir Schokolade. Aber zackig.»

Der Ausbruch ihres Sohnes verletzte die Frau, doch sie versuchte stark zu bleiben. «Nein», erwiderte sie.

Mattes traute seinen Ohren nicht. «Wie ‹Nein›? Ich will Schokolade!»

«Nein, Mattes. Pampelmusen sind wirklich lecker. Ich

verspreche es dir. Sie schmecken süß, genau wie … Süßigkeiten. Jetzt komm. Sei ein lieber Junge.»

Die Mutter versuchte Mattes ein Stück in den Mund zu löffeln, als wäre er ein Baby. Er wehrte sich eine Zeitlang, doch seine Mutter ließ nicht locker und schaffte es schließlich. Kaum war es vollbracht, spuckte Mattes das Pampelmusenstück wieder aus.

KLATSCH!

Es landete genau auf der Nasenspitze seiner Mutter.

«Bäh!», schrie Mattes. «Das schmeckt ja zum Kotzen!»

Während die arme Frau sich das Pampelmusenstück von der Nasenspitze pellte, wurde ihr klar, dass sie es vielleicht auf eine andere Art probieren musste.

Bestechung.

«Hör mal, Mattes», sagte sie. «Wenn du die Pampelmuse isst, kriegst du ein Stück von dieser Riesentafel Schokolade!»

Sie hatte immer eine Riesentafel Schokolade in Reserve, für den Fall, dass ihr Sohn wütend wurde.

Mattes brauchte unbedingt Schokolade. Er hatte schon seit mehreren Stunden keine mehr gegessen. Trotzdem würde er auf keinen Fall dieses fiese miese **Pampelding** essen, oder wie immer es hieß. Da kam ihm eine böse Idee.

«Na gut, Ma, du hast recht. Ich sollte wirklich meine fünf Portionen Obst und Gemüse am Tag einhalten. Ich esse das Ding!»

«Guter Junge!», rief die Mutter. «Ach, Mattes, ich bin ja so froh! Nun iss di-»

«NÖ!», fauchte er. «ZEIG ZUERST DIE SCHOKOLADE.»

«Ja, ja, natürlich.»

Sobald seine Mutter ihm den Rücken zudrehte, nahm Mattes die Pampelmuse und schleuderte sie aus dem Fenster.

WUSCH!

Sie flog direkt zum Kraftwerk hinüber.

Dort musste sie irgendetwas getroffen haben, denn die Lichter im Werk *flackerten* einen Moment.

Da drehte sich die Mutter mit der **Schokolade** in der Hand wieder um.

«Du hast sie aufgegessen!»

«Ja, Ma!», log Mattes.

Die Mutter sah in die Schüssel. «Sogar die **Schale** hast du mitgegessen.»

«Echt?»

«Ja! Dabei ist die Schale einer Pampelmuse sehr zäh.»

«Tja, na ja, sie war das Beste daran, Ma.

Und jetzt gib mir die Schokolade!

ABER ZACKIG!

Gib mir die Schokolade!

ABER ZACKIG!, hab ich gesagt!»

Die Mutter wollte ihrem Sohn gerade ein Stück Schokolade reichen, als dieser es aus ihrer Hand schnappte wie ein Hund.

«AU!», schrie die Mutter. «Du hast mir in den Finger gebissen!»

«Er war im Weg, Ma! Was gibt's als Nächstes?»

Die Mutter sah sich bestätigt, nachdem Mattes seine Pampelmuse mitsamt der Schale verspeist hatte, und versuchte es mit der nächsten Obstsorte.

Eine Banane.

Es lief genauso ab wie zuvor. Mattes tat, als hätte er die Banane gegessen, und bekam dafür ein weiteres Stück Schokolade. Auch die Banane flog aus dem Fenster. Durch ihre gebogene Form kam sie jedoch wie ein Bumerang zurück und knallte ihm an den Kopf. Also schleuderte Mattes sie noch einmal davon,

diesmal nach oben, und so traf auch sie auf ihrem Rückweg das Kernkraftwerk. Das Summen wurde zu einem **lauten Knirschen**.

Als die Mutter sich umdrehte, war der Teller leer. «Mattes! Du hast sogar die Bananenschale gegessen!»

«Ja, Ma. Sie war *leeeeecka*! Jetzt her mit der Schokolade!»

«Ja, ja, natürlich!»

Diesmal ging die Mutter mit ihren Fingern kein Risiko ein. Schließlich hing sie an ihnen. Also warf sie das Schokoladenstück in die Luft, damit ihr Sohn es mit dem Mund auffangen konnte, wie ein Killerwal einen Fisch bei der Fütterung.

Nach dem unglaublichen Erfolg mit der Pampelmuse und der Banane fand die Mutter, dass es Zeit sei für etwas Gewagteres.

Also würde sie das Frühstück an diesem Morgen mit einer exotischen Frucht beenden.

Einer Ananas.

Wieder gelang es Mattes, seine Mutter zu überzeugen, dass er das Ding mit Stumpf und Stiel gegessen hatte, obwohl es in Wirklichkeit aus dem Fenster geflogen war. Dabei hatte er wieder das Kraftwerk getroffen und dafür gesorgt, dass drinnen eine Sirene losheulte.

«Was für ein tolles Frühstück, Mattes!», erklärte die Mutter strahlend. «Jetzt sind wir auf dem richtigen Weg.»

Als es Zeit für das Mittagessen wurde, fand Mattes' Mutter, dass ihr Sohn ein wenig Gemüse probieren sollte. Ein Blumenkohl war das Erste, was aus dem Fenster flog, sobald sie sich abwandte. Mattes schleuderte ihn davon wie eine Kugel beim Kugelstoßen. Und wieder bekam er ein Stück **Schokolade**.

Als Nächstes schnickte Mattes ein ganzes Bataillon Erbsen

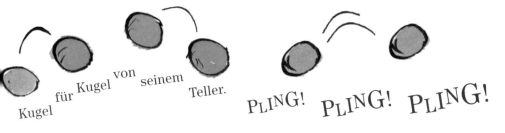

Kugel für Kugel von seinem Teller. PLING! PLING! PLING!

Alle flogen aus dem Fenster und geradewegs gegen das Kraftwerk. Was für ein Spaß!

Zur Belohnung gab es **noch** mehr **Schokolade!**

Zum Nachtisch bekam Mattes eine Birne. Das komische, missgebildete Ding, das aussah wie ein leicht zerquetschter Apfel, flog natürlich ebenfalls aus dem Fenster und verschwand im **KRAFTWERK**.

Die Mutter hatte Sorge, ihr könnte bald die **Schokolade** ausgehen, so gut wie ihr Sohn all sein Obst und Gemüse aufaß. Die Riesentafel war fast aufgebraucht.

Zum Abendessen gab es Kohl. Nicht einmal Leute, die Gemüse mögen, mögen Kohl. Selbst andere Gemüsesorten machen einen Bogen um ihn und freunden sich nicht mit ihm an.

Kohl ist ein Gemüse, das andere Gemüsesorten in **Verruf** bringt. Trotzdem tat Mattes, als würde er den ganzen Kohlkopf auf einmal vertilgen, sobald sich seine Mutter abwandte, um ein neues Stück **Schokolade** abzubrechen.

In Wirklichkeit war auch der Kohl aus dem Fenster geflogen und wieder irgendwo im Kraftwerk gelandet, das inzwischen **eine glühende Hitze verströmte.**

Allmählich wurde die Mutter misstrauisch.

«Der Kohl war noch gar nicht gekocht!», rief sie.

«Ich mag ihn roh, Ma. Das ist gesü... gesüsst ... gesündet ...»

Mattes suchte nach dem Wort «gesünder», konnte es in seinem Kopf aber nirgendwo finden, deshalb drückte er es einfacher aus: «Ist halt mehr drin, stimmt's?»

Die Mutter war sich nicht sicher, was ihr Sohn damit meinte, nickte aber trotzdem. «Ja, du lieber Junge.»

«SCHOKOLADE!»

«Ja, ja, natürlich. Kommt sofort!»

Zum Nachtisch wollte die Mutter ihrem Sohn das servieren, was er am meisten hasste ... Rhabarber.

«Also, Mattes, dann wollen wir mal sehen, ob du wirklich so ein lieber Junge bist! Wenn du deinen Rhabarber aufisst, bekommst du **zwei** Stückchen **Schokolade.** Nein, du darfst sogar die ganze restliche Tafel aufessen!»

Als sie sich umdrehte und nach der Tafel greifen wollte, fiel ihr auf, dass das Fenster sperrangelweit offen stand.

«Das Kraftwerk ist heute aber mächtig heiß», sagte sie zu sich, ehe sie das Fenster schloss. Da sauste ein Rhabarberstängel mit Karacho an ihrem Kopf vorbei.

WUSCH!

Er prallte an der Fensterscheibe ab.

BOING!

Und knallte der Frau ins Gesicht.

KLATSCH!

«Mattes! Was um alles in der Welt tust du da?», wollte die Mutter wissen. Sie war sauer, dass er sie so hereingelegt hatte.

«Ey, ich glaub, das Rababazeug lebt noch. Ich hab reingebissen, da hat es einfach die Kurve gekratzt!»

«Ach, wirklich?»

«Ja! Es ist übern Tisch gerannt und volle Kanne ans Fenster gedonnert!»

Die Mutter starrte Mattes an. Sie war stinksauer. Mattes wusste, dass das Spiel aus war. Diesen Gesichtsausdruck hatte er nicht mehr gesehen, seit er den Familienhund gegen eine Tüte **Karamellbonbons** eingetauscht hatte.

«Du hast nicht ein einziges Stück Obst oder Gemüse gegessen, das ich dir heute serviert habe, oder?»

Mattes schwieg einen Moment. «Doch, Ma, hab ich.»

«Tatsächlich?»

«Ja. Ich hab an was geknabbert.»

«Und an was?»

«Einer Erbse.»

«Du hast eine Erbse gegessen?»

«Nö, bloß halb. Das war 'ne voll fiese Brise! **Total ekelhaftig!** Widerartig! Nie wieder. Also her mit der restlichen Tafel. LOS!»

«Für dich gibt es keine Schokolade mehr, junger Mann!», rief die Mutter. Wenn Mattes «junger Mann» genannt wurde, steckte er in ernsten Schwierigkeiten. «Und jetzt ab ins Bett!»

«Aber Ma!»

«INS BETT!»

Achselzuckend schlappte Mattes die Treppe hinauf in sein Zimmer. Er murmelte etwas von «Mir doch egal», aber das stimmte nicht. Niemand wollte um sechs Uhr abends ins Bett geschickt werden. Jedes Baby durfte länger aufbleiben.

Schⁿau^bend warf sich Mattes auf sein Bett. Er sah aus dem Fenster. Draußen war es immer noch hell. Beim **ATOM-KRAFTWERK** ging irgendetwas Seltsames vor sich. Überall blinkten rote Lichter, und Arbeiter rannten herum, als wären sie in **PANIK.**

«AB INS BETT!», befahl seine Mutter von der Tür aus. Während Mattes unter die Decke schlüpfte, zog sie die Vorhänge zu. «Morgen fangen wir wieder von vorn an.»

«WAS?!»

«Rate mal, was es zum Frühstück gibt.»

«Keine Ahnung. Irgendein *brechwürgendes Obstgemüse*, nehme ich an.»

«Absolut richtig, junger Mann. **Rhabarber!**»

«OCH NEE!», jammerte Mattes.

«Doch! Rhabarber zum Frühstück!»

Damit stürmte die Mutter aus dem Zimmer und schlug die Tür hinter sich zu.

PENG!

Dann musste sie sich in ein abgedunkeltes Zimmer setzen. Sie konnte sich nicht erinnern, jemals so wütend gewesen zu sein.

In dieser Nacht konnte Mattes nur schlecht einschlafen. Schon der Gedanke daran, Rhabarber frühstücken zu müssen, ließ seinen Magen rumoren. Er warf sich stundenlang hin und her, ehe er schließlich eindöste.

«ZZZZ ... ZZZZ ...»

Ein Klopfen am Fenster weckte ihn.

KLOPF! KLOPF!

Mattes riss entsetzt die Augen auf.

War das einer dieser Träume, in denen man träumte, wach zu sein?

KLOPF! KLOPF!

Da war es wieder.

KLOPF! KLOPF!
Schon wieder.

Mattes zitterte vor Angst. Wer oder was war dadraußen? Sein Zimmer befand sich im obersten Stock des Hauses. Niemand konnte so hoch hinaufreichen.

KLOPF! KLOPF!

Mattes blieb keine Wahl. Er musste aus dem Fenster schauen. So leise er konnte, glitt er aus dem Bett und zog die Vorhänge ein kleines Stück beiseite.

«AAAH!», schrie er.

Draußen war eine Art Monster. Es sah aus wie ein Kohlkopf, war aber ungefähr tausend Mal größer und leuchtete NEONGRÜN.

Wieder klopfte das Monster mit seiner Blätterhand ans Fenster.

KLOPF! KLOPF!

Da es einfach nicht verschwand, zog Mattes langsam die Vorhänge auseinander. Was war das für ein Wesen?

Eine RIESIGE Alienpflanze aus dem Weltraum?

«MATTES?», donnerte es.

Das Ding kannte seinen Namen.

«J-j-ja?», stotterte der.

«MATTES, DAS MÄKELIGSTE KIND DER WELT?»

«Ich glaub schon. Wer bist du?»

«Ich bin der Kohlkopf, den du so brutal aus dem Fenster geworfen hast! Früchte und Gemüse haben nämlich auch Gefühle, weißt du?»

«Warum bist du so groß und kannst sprechen?»

«Du hast mich so hoch durch die Luft geschleudert, dass ich durch den Schornstein ins Kraftwerk geflogen und im Atomreaktor gelandet bin.»

«WAS?» Mattes traute seinen Ohren nicht.

Hinter dem Kohlkopf sah Mattes Rauchwolken aufsteigen. Es war klar, dass das Kraftwerk in die Luft fliegen würde.

«ES IST ZEIT, MICH ZU RÄCHEN. WENN DU MICH NICHT FRESSEN WILLST, FRESSE ICH DICH!»

Damit schlug der Kohlkopf mit seiner Blätterhand das Fenster ein und packte Mattes.

«AU!», schrie dieser, riss sich los und rannte aus dem Zimmer. Er lief die Treppe hinunter und raus auf die Straße.

Er rannte, so schnell ihn seine Beine trugen. Es dauerte nicht lang, bis er aus der Puste war und Seitenstechen bekam. Durch seinen Speiseplan aus Kuchen, Chips, Keksen und Schokolade war er nicht besonders fit.

Mattes humpelte weiter, wagte aber nicht, sich umzudrehen. Hinter sich hörte er ein **donnerndes** Geräusch. Er lief noch ein paar Schritte, dann hielt er es nicht mehr aus. Er musste sich einfach umsehen.

Ganz vorn hopste der gewaltige *LEUCHTENDE* Kohlkopf.

«SCHNAPPT IHN EUCH!»,
brüllte er.

Hinter dem Kohl hüpfte ein RIESIGES *LEUCHTENDES* grün-weißes Ding die Straße entlang.

«FIESER KLEINER BENGEL!», schrie es.
«DEN VERDRÜCKEN WIR GANZ LANGSAM! DAMIT ER LEIDET!»

Neben dem gigantischen Blumenkohl sprangen hundert grüne Kugeln her. Sie waren etwa so groß wie Wasserbälle.

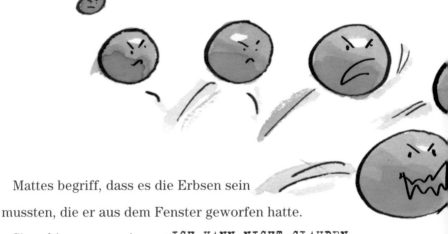

Mattes begriff, dass es die Erbsen sein mussten, die er aus dem Fenster geworfen hatte.

Sie schienen zu weinen. **«ICH KANN NICHT GLAUBEN, DASS ER UNS DAS ANGETAN HAT!»**, rief eine und kämpfte mit den Tränen.

«ERBSEN MAG DOCH JEDER!»

«Ich nicht! Erbsen sind kotzwiderlich!», schrie Mattes.

«ERTEILEN WIR IHM EINE LEKTION!», schrie eine andere Erbse.

«**JA!**», schrien einige im Chor.

Das Obst wollte hinter dem Gemüse nicht zurückstehen. Eine riesige Pampelmuse, eine gewaltige Banane, eine gigantische Birne und eine monströse Ananas folgten dicht dahinter.

«**BLEIBT DRAN!**», rief die Pampelmuse.

«**ICH BLEIBE DRAN, MEINE LIEBE!**», zischte die Birne.

«**DU WEISST, DASS ICH LEICHT ZERQUETSCHE!**»

«**ICH AUCH!**», warf die Banane ein.

Die Ananas drängte sich an allen vorbei, um Mattes einzuholen.

«AUS DEM WEG, GEMEINES VOLK! MACHT PLATZ FÜR EINE EXOTISCHE FRUCHT!»,

brüllte sie überheblich.

Mattes war wie erstarrt vor Angst. Obst und Gemüse umringten ihn angriffslustig.

«Bitte! Bitte! Ich flehe euch an! Fresst mich nicht! Ich **schwöre**, dass ich von jetzt an meine fünf Portionen Obst und Gemüse am Tag esse!»

In diesem Moment kam eine Stimme von weit her. Es war ein gigantöser Rhabarber.

«DER JUNGE GEHÖRT MIR!»,

donnerte er vom Dach des Hauses.

Ein silbriger Mond beschien das Gemüse von hinten.

«WAS?», empörte sich der Kohl.

Mattes sah zu dem rosa Gemüsestängel auf.

«Dich habe ich gar nicht aus dem Fenster geworfen!», protestierte er. «Du bist an die Scheibe gedotzt und hast meiner Ma ins Gesicht gehauen.»

«ICH WEISS», erwiderte der Rhabarber. «Dein Verbrechen war nicht nur gegen mich gerichtet, sondern gegen alle Rhabarber auf der Welt. SIE MUSSTE ICH RÄCHEN. Also bin ich über den Küchenboden gekrochen, durch die Katzenklappe hinausgekrabbelt und über den Zaun gesprungen, um ins Kraftwerk zu gelangen. Dort habe ich mich zum Atomreaktor durchgeschlagen. UND BINGO! EIN ATOMRHABARBER! DEIN SCHLIMMSTER ALBTRAUM!»

Mit diesen Worten sprang das Monstergemüse
vom Dach. Es flog durch die Luft,

riss das Maul **weit** auf und entblößte
seine grausigen Rhabarberzähne.

«AAAH!»,

schrie Mattes, als
ihm der Kopf ab-
gebissen wurde.

Sämtliche Früchte und Gemüse
gingen auf ihn los.
«ICH WILL EINEN ARM!»,
schrie der Kohl.

«‹Und ich ein Bein!›»,

brüllte der Blumenkohl.

«Hebt uns den Rest auf!»,
riefen die Früchte.

Es war das reinste Festmahl. Mattes war in Sekundenschnelle verspeist. Die Erbsen h^{ü}p^{f}t^{e}n auf und ab und schnappten sich, was noch übrig war.

Das war das Ende vom Mäkeligen Mattes.

Also, liebe Kinder, merkt euch diese wichtige Lektion …

Esst euer Obst und Gemüse, sonst frisst es eines Tages vielleicht EUCH.

Die Grausame GRETE

HÜBSCH

PINK

GIFTIG

ES WAR EINMAL ein Mädchen, das hieß Grete. Von außen betrachtet war sie das süßeste, netteste, sanfteste Mädchen, das man sich vorstellen konnte. Grete trug altmodische **pinke** Kleider und hatte immer eine passende **pinke** Schleife im Haar.

Alles in ihrem Zimmer war irgendwie **pink**.

Grete hatte **pinke** Teddybären,

pinke Ponys und einen pinken Schminkkasten.

Und sie besaß nur Buntstifte in **Pinktönen**.

Außerdem gehörte Grete eine Sammlung von Porzellanpuppen in **pinken** Nachthemden, die sie abends zum Schlafen mit ins Bett nahm.

Gretes Lieblingsspielzeug war ein **pinkes** Miniaturteeservice.

Gretes Großeltern waren selig vor Entzücken, wenn sie Grete dabei zusehen durften, wie sie aus einem winzigen Tässchen Tee trank und Dutzende Törtchen mit **pinkem** Zuckerguss in sich hineinstopfte. Alle fanden das kleine Mädchen absolut hinreißend.

Allerdings war Grete in Wahrheit alles andere als hinreißend. Tief im Innern hatte sie nämlich einen entsetzlichen Hang zur Grausamkeit.

Grausamkeit gegenüber Katzen.

Als Baby hatte Grete einmal eine Katze am Schwanz gepackt und so fest daran gezogen, wie sie nur konnte.

«MIAU!»

Daraufhin hatte die Katze das Baby angefaucht und zum Weinen gebracht. Seitdem hasste Grete die Tiere, und immer wenn gerade niemand hinsah, heckte sie irgendeine Gemeinheit aus.

Sie mischte Pfeffer unter das Katzenfutter, damit die Katze einen **NIESANFALL** bekam.

Hatschu!

Sie bestrich die Äste eines Baums mit Kleber, damit die Katzen dort kleben blieben.

Sie verknotete die Schwänze zweier Katzen, sodass sie nicht mehr voneinander loskamen.

Sie malte einen Katzenschwanz leuchtend **pink** an, dass er aussah wie eine Zuckerstange.

Sie fesselte eine Katze an einen Lenkdrachen und ließ das verängstigte Tier in die Luft steigen.

Sie klebte eine Briefmarke auf eine Katze und verschickte sie nach Australien.

Grete ließ hundert ferngesteuerte Mäuse herumflitzen, um eine Katze wahnsinnig zu machen.

Sie tauschte eine Katze gegen die Perücke ihrer Großmutter aus, sodass die Katze den ganzen Tag auf dem Kopf der alten Dame festsaß.

Auf diese Weise quälte Grete die Katzen im Ort schon seit Jahren. Doch noch nie hatte sie selbst eine besessen.

Als ihr Geburtstag näher rückte, bat Grete ihre Eltern daher um ein ganz besonderes Geschenk.

«Mami! Papi?», sagte das kleine Mädchen mit einer *Singsang-stimme*, die sie besonders niedlich klingen ließ.

«Ja, mein zauberhafter Engel?», erwiderte der Papa.

«Ich fühl mich ein *klitzekleines* bisschen einsam.»

«Oh, mein süßes **Babytörtchen**!», flötete die Mama.

«Was können wir dagegen tun, mein *Schneeflöckchen*?»

«Mami, Papi. Ich wünsche mir ein *kleines Kätzchen* zum …»

Was würde sie wohl sagen?

«… Liebhaben.»

Gretes Eltern hatten Tränen in den Augen. Sie hielt sie wirklich ordentlich zum Narren.

«Wie haben wir nur ein so **perfektes** Kind zustande gebracht?», fragte sich die Mama.

«Grete ist **mehr als** nur **perfekt**», erwiderte der Papa.

Das kleine Mädchen grinste in sich hinein.

Die Eltern konnten nicht bis zu Gretes Geburtstag warten, der noch eine ganze Woche hin war. Deshalb überraschten sie ihre Tochter schon am nächsten Morgen mit einem ganz besonderen Geschenk. Mama und Papa brachten wie üblich das Frühstückstablett hinauf. Grete bekam nämlich jeden Morgen das Frühstück ans Bett serviert. Doch als sie die silberne Haube vom Tablett nahmen, erblickte sie keine gekochten Eier und keine Häppchen, sondern das **süßeste Kätzchen**, das man sich vorstellen kann.

«*Überraschung!*», riefen Mama und Papa.

Das Kätzchen hatte ein schneeweißes Fell, große blaue Augen, samtweiche Pfötchen und ein Kussnäschen, das ebenso *winzig* wie **pinkig** war.

Als die Mama ihr das Kätzchen gab, nahm Grete es in den Arm und drückte es an sich. Die kleine Katze miaute vor Wonne und kuschelte sich an sie.

«*MIAU!*»

«Ich habe sie **so lieb**, Mami und Papi!»,

rief Grete.

«Und sie wird dich liebhaben!», erwiderte ihr Papa.

«Bis zum Mond und wieder zurück», fügte die Mama hinzu. «Wie willst du sie nennen?»

Grete überlegte einen Moment. «*Blümchen!*»

«Ach, du herzensguter Schatz, das ist der schönste Name, den ich je gehört habe», gurrte die Mama.

«Sie sind beide so bezaubernd, dass ich heulen könnte», erklärte der Papa.

«Freudentränen, will ich doch hoffen, Papa?», sagte die Mama.

«Tränen aus purem Glück», bestätigte der Papa.

«Gut. Und jetzt gehört Blümchen dir allein, mein süßer Zuckerstein. Versprichst du mir, dich gut um sie zu kümmern?», fragte die Mama.

«Natürlich. Und ich wollte noch sagen, dass ihr die besten Eltern der Welt seid und ich euch wahnsinnig liebhabe.»

Strahlend vor Glück sahen Mama und Papa sich an und gingen aus dem Zimmer.

Sobald sich die Tür geschlossen hatte, verwandelte sich Gretes puderzuckersüßer Gesichtsausdruck.

«Na schön, Blümchen!», fauchte sie. Ihre Stimme klang jetzt **tiefer**, und der niedliche Singsang war verschwunden.

Das kleine Kätzchen begann sofort vor Angst zu zittern.

«Katzen sind **gemeine Biester**. Und jetzt habe ich eine, die ich quälen kann, soviel ich will!»

»*MIAU!*»,

schrie Blümchen.

Als Erstes setzte die Grausame Grete dem Kätzchen Kopfhörer auf die Ohren und zwang es, sich bei **voller Lautstärke** eine **donnernde** Beethoven-Symphonie anzuhören.

BA BA BA BUM! BA BA BA BUM!

Das kleine Mädchen lachte …

HAHAHA!

… während die arme Blümchen litt.

«MIAU!»

Grete schleuderte Blümchen auf den Ventilator, der an ihrer Zimmerdecke hing, und stellte seine Geschwindigkeit auf die höchste Stufe. «MIAU!»

Sie mischte Chilipulver unter das Katzenfutter. Was dazu führte, dass das Kätzchen beim Furzen vom Boden abhob.

PPPFFFTtt!!!

«MIAU!»

Grete drehte Blümchens Fell
auf Lockenwickler und verpasste
ihr eine **schreckliche** Dauerwelle.

«MIAU!»

Wie einen Piraten ließ sie Blümchen
über die Planke gehen, sodass sie in den Teich fiel. *PLUMPS!*

«MIAU!»

Sie frisierte Blümchens Schnurrhaare, bis es aussah, als hätte
sie den albernen Schnurrbart, den man von dem spanischen
Maler Salvador Dalì kannte.

«WUFF!»

Am schlimmsten jedoch war der Tag, an dem
Grete ihr Kätzchen unter ihrem Mantel versteckt in die berühmte
Crufts Hundeshow einschmuggelte und das arme Ding freiließ,
damit die Hunde Jagd darauf
machen konnten.

«WUFF!»

«WUFF!»

Nun sind Katzen natürlich sehr intelligente Wesen. Wenn man

sich eine Liste mit Tieren von

sehr klug

Orang-Utan

Delfin

Elefant

Katze

ansieht, wird man feststellen, dass Katzen sehr weit oben stehen.

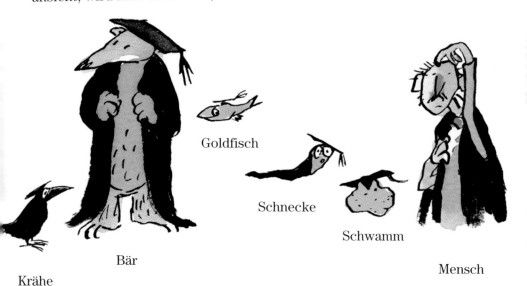

Goldfisch

Schnecke

Schwamm

Mensch

Bär

Krähe

Nach einem weiteren langen Katzenquältag gelang es Blümchen eines Nachts, sich durch ein offen stehendes Fenster zu
zwängen, während Grete in ihrem kleinen pinken Bettchen lag.
Blümchen sprang über die Dächer der Nachbarhäuser und folgte einem fernen Miauen. So gelangte sie zu einem Garten, in
dem die Katzen des Ortes ihr allnächtliches Treffen abhielten.

Im *silbrigen Schein des Mondes* regelten die Katzen ihre
Angelegenheiten. Katzenangelegenheiten. Es gab Streitereien um Gebiete, Berichte über ungezogene Hunde, und man
tauschte sich darüber aus, welche alten Damen am nettesten

waren, weil sie Schüsselchen mit Milch nach draußen stellten.

Den Vorsitz über das Ganze führte ein **RÄUDIGER** alter Kater, der niemandem gehörte und auf einer Müllkippe lebte. Zuerst wagte sich die kleine Blümchen nicht heran, doch schließlich sprang sie vom Dach herab und gesellte sich zu ihren Katzenverwandten. Unter Tränen erzählte Blümchen den anderen von Gretes Grausamkeiten. Es muss wohl nicht erwähnt werden, dass die Katzen **außer sich** waren. Wie konnte irgendjemand ein wehrloses kleines Kätzchen so behandeln?

Als Blümchen den anderen ihre Besitzerin beschrieb, stellte sich heraus, dass sie alle schon Opfer dieses garstigen Kindes geworden waren.

Als Anführer der Katzenkonferenz erklärte der Kater, dass sie sich nun zusammentun würden, um sich an der Grausamen Grete zu rächen. Durch Pfotenheben wurde der Antrag angenommen. Schon in der nächsten Nacht wollten die Katzen im Schutz der Dunkelheit zuschlagen.

Als Grete am nächsten Morgen erwachte, hatte sie wie immer nur eines im Sinn: Kätzchenquälen.

Sie band Blümchen auf einen Rollschuh und ließ ihn die Treppe hinunterfahren.

KLONG!

KLONG!

KLONG!

Sie hängte das arme Ding zwischen Papis Unterhosen und Mamis Rüschenhöschen auf die Wäscheleine.

SCHWING!

Grete band das Kätzchen auf die Schienen einer Modelleisen-
bahn, ehe sie einen Schalter betätigte, um den Zug mit Karacho
auf sie zurasen zu lassen.

SAUS!

Sie montierte ein selbstgebautes Gestell
auf Blümchens Rücken, sodass direkt vor
ihrer Nase ein Käfig mit einem Wellensittich
herumbaumelte, sie aber nicht an ihn herankam.

«ZIRP!
ZIRP!»

Grete färbte Blümchens Gesicht orange und verstrubbelte ihr
das Fell auf dem Kopf. Dann steckte sie das Kätzchen in einen
kleinen schwarzen Anzug mit rotem Schlips, damit sie aussah
wie der Präsident der Vereinigten Staaten.

Zum Schluss vertilgte Grete zehn Dosen gebackene Bohnen
und furzte dem Kätzchen **gewaltig** auf den Kopf.

TRUMBÄH
TRUMBÄH
TRUMBÄH
TRUMBÄH

Doch allen Schikanen zum Trotz wirkte Blümchen an diesem Tag nicht im Geringsten beeindruckt.

Im Gegenteil! Das Kätzchen schnurrte bei all den Quälereien einfach weiter.

Blümchen wusste, was passieren würde, sobald es Nacht wurde.

«Warte nur bis morgen, Blümchen!

Ha

Ha!»,

flüsterte Grete DROHEND. Dann legte sie sich schlafen und träumte davon, wie sie ihr Kätzchen noch quälen konnte.

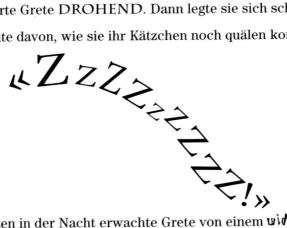

Mitten in der Nacht erwachte Grete von einem widerlichen Geruch. Direkt vor ihrer Nase befand sich irgendetwas Müffelndes. Als sie ein Auge öffnete, schaute sie in ein kleines pelziges Gesicht. Als sie auch das andere Auge öffnete, begriff Grete die ganze schreckliche Wahrheit.

Sie starrte geradewegs auf einen Katzenpopo.

Kein Wunder, dass es müffelte! Der Popo gehörte dem dreckigen alten Kater.

«AAAH!», schrie Grete und wollte aufstehen. Doch sie konnte sich nicht bewegen. Schnell wurde ihr klar, warum: Sie war über und über mit Katzen bedeckt. Die Katzenviecher hielten sie fest.

«RUNTER VON MIR, IHR FIESEN BIESTER!», schrie Grete,

doch die Katzen rührten sich nicht. Grete strampelte mit Armen und Beinen, aber die Katzen ließen immer noch nicht los. Da rollte sich Grete mit aller Kraft vom Bett.

P
L
U
M
P
S!

Nur mit größter Mühe kam sie auf die Beine. Als sie einen Blick in den Spiegel warf, stellte Grete mit Grausen fest, dass überall Katzen an ihr hingen. Auf ihrem Kopf saß Blümchen höchstpersönlich. Das Kätzchen lächelte und schnurrte laut.

«SCHNURR! SCHNURR!»

Es war ein RACHEAKT!

Grete versuchte die Katzen abzuschütteln, indem sie mit Armen und Beinen gegen die Möbel schlug, die im Zimmer standen, doch die Tiere gruben ihre scharfen Klauen nur noch tiefer in sie hinein und klammerten sich fest. «AU!», schrie Grete.

Ihr blieb keine Wahl. Sie musste die Katzen irgendwie loswerden. Und wenn es etwas gab, was diese Tiere hassten, dann war es Wasser. Also rannte Grete die Treppe hinunter, sauste quer durch den Garten zum Teich und nahm ordentlich Anlauf. Als den Katzen klar wurde, wohin es gehen sollte, ließen sie von Grete ab und sprangen zu Boden.

PLATSCH!

Die Grausame Grete landete im Teich.

Kurz darauf hob sie den Kopf aus dem **kalten, grünen Wasser.** Algen hingen in ihren Haaren. Die Katzen versammelten sich um den Teich. Sie fauchten Grete böse an und schlugen mit den Tatzen nach ihr.

«FAUCH!»

Also tauchte Grete wieder unter und hielt die Luft an. Die Katzen würden sich bestimmt bald verziehen. Doch als sie wieder auftauchte, waren sie immer noch da.

«FAUCH!»

Wieder **schlugen** die Tatzen mit ausgefahrenen Krallen nach ihr.

Wieder versteckte sich Grete unter Wasser.

So ging es die ganze Nacht.

Als es dämmerte, kamen ihre Eltern in den Garten gerannt und **verscheuchten** die Katzen.

«HUSCH!»

Blümchen sprang auf den Rücken des alten Katers, und alle liefen davon.

«Mein armer Liebling!», rief die Mama.

«Was, um Himmels willen, ist unserem kleinen Sonnenschein nur passiert?»

Grete war inzwischen hässlich grün angelaufen und zitterte vor Kälte.

«BRRRRRRRR!»

Ihre Zähne klapperten wie verrückt.

KLAPPER! *KLAPPER! KLAPPER!*

Ein Frosch saß auf ihrem Kopf.

«Quak!»

Grete hustete und spuckte, und plötzlich **schoss** eine Kröte aus ihrem Mund, die sie verschluckt hatte.

«*WHÄÄÄ!*», heulte Grete los. Noch nie hatte sie sich so leidgetan.

Die Grausame Grete hatte ihre Lektion gelernt. **Sie würde nie wieder** eine Katze **quälen**.

Der Kater brachte Blümchen zu einer netten Familie, die den alten Streuner schon oft mit Fischstäbchen gefüttert hatte. Dort blieb Blümchen und wurde von allen geliebt.

Zu ihrem nächsten Geburtstag wünschte sich Grete etwas ganz anderes.

«Mami? Papi?», sagte sie.

«Ja, mein süßer kleiner Honigbaiser?», antwortete die Mama.

«Kann ich bitte ein kleines Häschen haben?»

HARRY,
der einfach nie
seine Hausaufgaben machte

HARRY HASSTE HAUSAUFGABEN. Er ließ sich alles Mögliche einfallen, um sie nicht erledigen zu müssen.

Er konnte seinen Lehrern eine lange Liste mit Ausreden herunterleiern, warum er wieder keine Hausaufgaben abliefern konnte:

Mein Goldfisch
hat sie gefressen.

Meine Mutter hat sie aufgegessen. Sie macht Diät und war völlig **ausgehungert**.

Unser Haus wurde ausgeraubt, und das Erste, was die Einbrecher einge-packt haben, war mein Erdkunde-heft. Es gibt einen riesigen illegalen Schwarzmarkt für Erdkundehausauf-gaben.

Meine Hausaufgaben waren so **genial**, dass man sie direkt in die Britische Nationalbibliothek gebracht hat, wo sie in einer Vitrine für zukünftige Generationen ausgestellt werden sollen.

Ich habe sie auf dem Rücksitz von Dads Auto liegen gelassen. Aber leider ist ein Nilpferd aus dem Zoo entwischt. Das hat sich auf das Auto gesetzt und alles, was darin war, kaputt gemacht.

Meine kleine Schwester ist eine **Origami-Meisterin**. Sie hat aus meinem Schulheft eine riesige Nachbildung des alten Tokio gefaltet.

Wissenschaftler von der NASA haben meine Hausaufgaben in eine Rakete gelegt und in den Weltraum gejagt, um Aliens zu zeigen, dass es auf der Erde intelligentes Leben gibt.

Uns ist das Klopapier ausgegangen, also hat Tante Rose sich damit den Hintern abgewischt.

Sie wurden vom Blitz getroffen und sind in Flammen aufgegangen.

Sie wurden von Agenten des Geheimdienstes beschlagnahmt, weil sie angeblich eine streng geheime Algebraformel enthalten.

$$2x^3 + 128y^3 = 2\left(x^3 + 64y^3\right)$$

Da Harry nie Hausaufgaben machte, hatte er nach der Schule Zeit genug, um all das zu tun, was ihm Spaß machte, zum Beispiel Stunde um Stunde um Stunde um … an seiner Konsole zu daddeln. Das war es eigentlich. Denn Computerspiele zu spielen, war das Einzige, was Harry gerne tat. Wenn man ihn ließ, spielte er Tag und Nacht. Wenn seine Daumen über den Controller tanzten, lachte er vor sich hin …

«Hahaha!»

… und dachte an seine Schulkameraden, die ihre Hausaufgaben erledigten, während er Rennwagen durch die Straßen von Monte Carlo steuerte, im Weltall Laserkanonen abfeuerte oder das Siegtor bei der Fußballweltmeisterschaft schoss.

Harry hatte schon so lange keine Hausaufgaben mehr gemacht, dass seine Lehrer ihn völlig **aufgegeben** hatten.

Doch eines Tages kam eine neue Lehrerin an die Schule, eine geheimnisvolle alte Geschichtslehrerin, die Madame Magna hieß. Sie war von Kopf bis Fuß **schwarz** gekleidet und trug einen schwarzen Spitzenschal um den Kopf, der alles außer ihren Augen verdeckte.

Madame Magna roch wie ein altes, vergammeltes Buch, wie man sie auf Flohmärkten findet, und sie sprach mit einem starken Akzent, den niemand zuordnen konnte. In der ganzen Schule **brodelten** die Gerüchte über die alte Dame.

Einige Kinder hielten sie am Anfang für eine Hexe.

Andere tippten auf eine Zeitreisende, die sämtliche histori-
schen Ereignisse, die sie im Unterricht durchnahm, tatsächlich erlebt hatte. Die Schätzungen ihres Alters bewegten sich
zwischen **siebzig** und **siebenhundert**.

Selbst die anderen Lehrer blieben auf Abstand. In der Mittagspause saß Madame Magna allein unter einem Baum und
rauchte eine **lange** Pfeife.

Die Rauchwolken stiegen auf und verwirbelten zu Gestalten, die wie
Tiere oder Personen aussahen.

Madame Magna machte aus Pfeifenrauchen eine Kunst.

Unsere Geschichte beginnt an jenem Tag, an dem Harry zum
ersten Mal bei der neuen Lehrerin Unterricht hatte. Madame
Magna nahm mit der Klasse sämtliche mittelalterlichen Folter-
methoden durch. Als es läutete, war
Harry der Erste, der aufsprang, um zu
verschwinden.

«Morgen gebt ihr als Erstes die
'AUSAUFGABEN ab!», verkündete
Madame Magna. «'arry, bleibst du noch
da, BITTE?!»

Harry stieß einen tiefen Seufzer aus. «Wie, jetzt gleich, Miss?»

«Madame!»

«Jetzt gleich, Madame?»

«Es wurde mir sur Kenntnis gebracht, dass du noch nie 'AUSAUFGABEN eingereischt 'ast!»

«Also, Miss, Madame, wollte ich sagen …», begann Harry. Er war nicht allzu besorgt, schließlich hatte er jede Menge Erfahrung darin, Lehrer mit lächerlichen Ausreden abzuspeisen.

«Das ist wirklich komisch, ich habe sie nämlich alle gemacht. Vielleicht sind die WORTE EINFACH AUS MEINEM SCHULHEFT GEALLEN?»

Madame Magna holte ihre Pfeife heraus und stopfte Tabak hinein. Dann zündete sie sie ganz langsam mit einem Streichholz an und blies dem Jungen eine dicke Wolke übelriechenden Qualm ins Gesicht. Harry hustete und prustete, als der Qualm um ihn herumwirbelte. Er war sicher, im Rauch die Umrisse kämpfender Ritter auf Pferden zu erkennen. Doch kaum hatte er die Vision gesehen, war sie auch schon wieder verschwunden.

«Ts, ts, ts, 'arry, du bist vielleischt ein Witsbold! Aber wenn du deine 'AUSAUFGABEN 'eute **nischt** machst, wirst du vielleischt mitten in der Nacht von

Erscheinungen 'eim-
gesucht.»

Das machte Harry nervös. «Was **meinen** Sie damit, Miss, äh, Madame?»

«Das **wirst** du schon sehen. Du bist der **'err** über dein Schicksal.»

«Kann ich jetzt gehen, Miss-Madame?»

«Ja.» Die alte Dame nahm wieder einen langen Zug an ihrer Pfeife und blies Harry eine **mächtig dicke** Qualmwolke entgegen. Diesmal war er sicher, Kamele, Sklaven und die Pyramiden des alten Ägypten zu sehen.

Wieder hustete und prustete Harry. Als sich der Rauch verzog, war **Madame Magna verschwunden.**

Harry hatte mächtig Bammel.

Was meinte diese geheimnisvolle Madame mit «Erscheinungen mitten in der Nacht»?

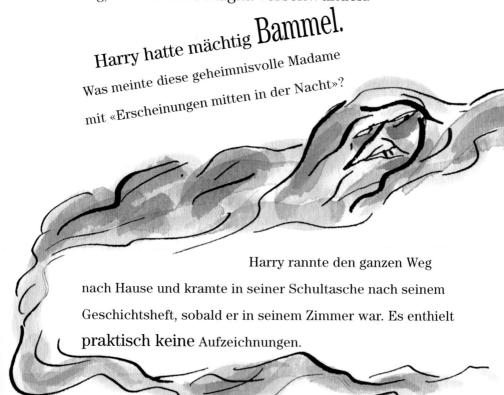

Harry rannte den ganzen Weg nach Hause und kramte in seiner Schultasche nach seinem Geschichtsheft, sobald er in seinem Zimmer war. Es enthielt **praktisch keine** Aufzeichnungen.

Harry hatte den größten Teil des Schuljahres vor sich hin ge-
kritzelt, statt sich Notizen zu machen.

Die Hausaufgabe in Geschichte, vielmehr die 'AUSAUFGABE,
die Madame Magna ihnen heute aufgegeben hatte, bestand aus
einem Aufsatz: «Wer ist der größte Schurke der Geschischte?»
(Harry begriff, dass die Lehrerin damit «Geschichte» meinte.)

Er ließ sich die Frage eine Weile durch den Kopf gehen.
Das Problem war, dass er noch nie einen einzigen Satz – oder
auch nur einen *Sats* – von dem mitbekommen hatte, was die
Lehrerin im Unterricht sagte, daher hatte er nicht die geringste
Ahnung, was er schreiben sollte. Er wusste, dass Darth Vader
ein Schurke war, glaubte aber ziemlich sicher, dass dieser er-
funden und keine Gestalt der Weltgeschichte war.

Harry kratze sich am Kopf. Er kaute an seinem Stift. Dann
bohrte er in der Nase. Er machte viele andere Dinge, nur nicht
seine Hausaufgaben. In null Komma nichts hatte er sein

Schulheft beiseitegelegt und spielte am Computer wieder Spiele, in denen er die Galaxie rettete oder zerstörte oder ähnlich unsinnige Dinge tat.

Als er schließlich schlafen ging, hatte Harry seine Hausaufgaben und die merkwürdige Vorwarnung seiner Lehrerin völlig vergessen. Er war müde nach den **stundenlangen** Computerspielen und legte sich geradewegs ins Bett.

Mitten in der Nacht strich **EIN EISIGER HAUCH** durch das Zimmer und weckte Harry. Als er die Augen öffnete, war der ganze Raum von einer gewaltigen Wolke aus seidig-grauem Rauch erfüllt. Der Rauch *kreiselte* und *wirbelte* durchs Zimmer, bis er schließlich fünf furchterregende Gestalten ergab, die alle historische Kleidung trugen.

«Wer seid ihr?», fragte Harry.

«Wir sind die größten Schurken der Geschichte», sagte einer in komplettem

Harnisch, der ein gewaltiges Schwert in der Hand hielt. «Ich muss mich natürlich nicht vorstellen. Ich bin ATTILA DER HUNNE!»

«Hab nie von dir gehört, Alter», erwiderte Harry.

«Das solltest du aber!», antwortete Attila, dem es überhaupt nicht gefiel, dass dieser Junge keine Ahnung von ihm hatte. «Ich war der meistgefürchtete Herrscher Europas und habe gegen alles und jeden Krieg geführt!»

«Das will ich dir mal glauben», murmelte Harry. Dann wandte er sich der nächsten Gestalt zu. «Und wer bist du?»

«Ich, mein Junge, muss mich nicht vorstellen!», sagte der Mann und schwenkte seinen Umhang.

«Doch, müssen Sie», erwiderte Harry. «Ich habe Sie nämlich noch nie gesehen!»

«Sagt dir der Name **VLAD DER PFÄHLER** denn nichts?»

«Nö.»

«Nun, vor fünfhundert Jahren habe ich jeden gepfählt, der mir in die Quere kam.»

«Wie schön für Sie. Der Nächste!»

«Ich bin gewiss der größte Schurke der Geschich-te!», sagte ein theatralisch wirkender Mann in einem weißen Gewand und mit einer goldenen Blätterkrone auf dem Kopf.

«Und wie heißen Sie?»

«CALIGULA! Ich war Kaiser des Römischen Reiches und mehr noch – EIN GOTT!»

«Geht das schon wieder los …», murmelte Attila.

«Aber ich habe viel mehr Men-schen umgebracht!», sagte eine extravagant gekleidete Gestalt mit einer weißen Perücke. «Ich will mich dir vorstellen, Kind, denn du bist offenkundig nicht die hellste Kerze in der Kirche. Ich bin *Robespierre*, der An-führer der Französischen Revolution. Ich habe Tausende exekutiert, darunter einige meiner engsten Freunde.»

«Warum haben Sie das getan?», fragte Harry. «Wenn Sie sie nicht mochten, hätten Sie doch einfach ihre SMS nicht mehr beantworten müssen. Das hätten die nach einer Weile schon geschnallt.»

«Das waren die 1790er Jahre! Damals gab es noch keine Mobiltelefone, du Hanswurst!»

«Hahaha!», ertönte da eine Stimme. In einer Ecke von Harrys Zimmer saß ein bullig wirkender Mann mit einem langen, grauen Bart. «Ihr seid alle miteinander nichts im Vergleich zu mir!»

«Und wer sind Sie?», fragte Harry.

«Ich weiß, dass du Scherze treibst, Kind. Ich bin DSCHINGIS KHAN, der Herrscher der Mongolen. Auf meinen Kriegszügen durch die ganze Welt tötete meine Armee Millionen Menschen. Wen kümmern ein paar tote Franzosen mehr oder weniger? Pah!»

Beim letzten Wort spuckte Dschingis Khan auf den Boden.

Robespierre war außer sich. «Wie kannst du es wagen! Von deiner

Spucke ist was auf meiner Strumpfhose gelandet! Wisch das sofort

weg!»

«Mach ich aber nicht!», **SPUCK**

erwiderte Dschingis.

«Halloo!», gurrte Caligula. «Kommt schon,

Mädels. Jetzt werdet nicht ausfallend!»

«HALTET DIE

KLAPPE!», befahl Harry.

Die schlimmsten Schurken der

Welt schwiegen verblüfft. Noch

nie hatte ihnen jemand befohlen, die

Klappe zu halten.

«Könnt ihr mir jetzt bitte sagen, was ihr in

meinem Zimmer verloren habt? Ich würde lieber

nicht umgebracht werden, wenn es euch nichts ausmacht,

ich habe im Spiel nämlich grade das achte

Level erreicht.»

Sämtliche Schurken lachten.

«Dich umbringen?», wunderte

sich Vlad.

«Als ob wir so etwas tun würden», fügte Dschingis hinzu.

«Also was habt ihr vor?», wollte Harry wissen.

«Wir bringen dich dazu, deine Hausaufgaben zu machen!», erklärte Robespierre.

«**Oh, nein!**», erwiderte Harry.

«Oh, doch!», sagte Attila.

«Das ist unfair!», sagte Harry.

Die ganze Nacht schauten die Schurken dem Jungen dabei zu, wie er gezwungenermaßen seine Geschichtshausaufgaben erledigte. Kaum hatte er einen Satz zu Papier gebracht, gab es zwischen den Schurken auch schon Streit.

«Aber du kannst einen Satz doch nicht mit ‹aber› anfangen!», meckerte Robespierre.

«Hast du doch auch gerade getan!», erwiderte Vlad der Pfähler, bevor er den Anführer der Französischen Revolution pfählte.

Langsam, aber sicher nahm der Aufsatz Gestalt an. Die Schurken lieferten Harry mit Vergnügen die Fakten und Zahlen, die er brauchte, und brüsteten sich dabei ihrer schrecklichen Taten.

«Die Guillotine war ein äußerst effektives Mittel, um den gesamten französischen Adel aus dem Weg zu räumen!», prahlte Robespierre.

«Wie geisttötend öde!»,
erwiderte Caligula. «Im alten Rom
habe ich Leute in die Arena geschickt, wo sie von
Bären und Löwen zerfleischt wurden. Das war viel lustiger!»
Um nicht noch heftigere Streitereien auszulösen, erklärte
Harry überhaupt niemanden zum schlimmsten Schurken
aller Zeiten. Stattdessen schrieb er: «Alles in allem war von
Vlad, Caligula, Dschingis Khan, Robespierre und Attila einer so
schlimm wie der andere.»

Die Schurken schienen damit zufrieden zu sein und murmelten beifällig.

«Ich finde immer noch, dass ich der Schlimmste war», stieß der
Herrscher der Mongolen aus.

«Halt die Klappe, Dschingis!», sagte Harry.

Als am Morgen die Sonne aufging, war Geschichte geschrieben worden: Harry hatte zum ersten Mal im Leben seine Hausaufgaben erledigt.

«Ich hoffe, du kriegst eine Spitzennote, Harry», sagte Vlad.

«Und *bonne chance* für deine Abschlussprüfung», fügte
Robespierre hinzu.

Harry sah den Franzosen verständnislos an.

«Das bedeutet viel Glück», fügte der Anführer der Französischen Revolution hinzu.

«Danke. Ich tue mein Bestes.»

«Vielleicht solltest du von nun an versuchen, auch deine Französischhausaufgaben zu erledigen.»

«Na gut!», erwiderte Harry gereizt.

«Du beschäftigst dich viel zu viel mit diesem Computerspiel-Dingsbums», erklärte Dschingis.

«Ich weiß», gab Harry zu.

«Versprich mir, dass du das ab jetzt reduzierst», sagte Caligula.

«Versprochen», erwiderte Harry.

«Unser Werk hier ist getan, Gentlemen und Vlad natürlich», sagte Robespierre. «*Adieu!*»

Und gerade so, wie die Schurken erschienen waren, verschwanden sie auch …

… in einer Rauchwolke.

Obwohl sie verrückt waren, würden sie Harry fehlen.

Trotz der schlaflosen Nacht hüpfte er am nächsten Morgen auf dem Weg zur Schule vor sich hin; er konnte es kaum erwarten, der Geschichtslehrerin seine Hausaufgaben auszuhändigen.

Madame Magna las sie aufmerksam durch und war mächtig beeindruckt. «Wunderbar, 'arry. Wirklisch wunderbar!», rief sie und paffte an ihrer Pfeife.

«Danke, Miss, Madame, meine ich.»

«'ast du das allein fertischgebracht, oder 'at dir jemand geholfen?», erkundigte sich die Lehrerin mit einem listigen Lächeln.

«Ich hatte ein kleines bisschen Hilfe.»

«Ja, isch weiß, mein Junge», antwortete Madame Magna, ehe sie eine gewaltige Qualmwolke ins Klassenzimmer blies.

Diese nahm die Gestalten der fünf schlimmsten Schurken der Weltgeschichte an: VLAD, CALIGULA, Robespierre, DSCHINGIS KHAN und ATTILA. Sie lächelten Harry zu.

Als Madame Magna durch den Korridor davonhumpelte, rief Harry ihr nach:

«Nur dass Sie es wissen, diese Hausaufgabensache war eine einmalige Ausnahme.»

Die Dame blieb stehen und wandte sich zu Harry um.

«Tatsäschlisch?», erwiderte sie.

«Ja. Noch mal mache ich das nicht.»

«Ach, 'errje. Dabei würde dir die 'eutige 'ausaufgabe solsche Freude machen. Es geht um unsere alte Freundin Boudicca, die britannische Königin und Anführerin der Revolte gegen die Römer.»

«Boah, das klingt ja **soooo** langweilig.»

«Nun, 'offen wir, dass sie dir 'eute Nacht mit ihrer Kutsche nischt eine kleine Stippvisite abstattet.»

Mit einem Lächeln paffte Madame Magna an ihrer Pfeife. Der Korridor füllte sich mit dichtem, **schwarzem** Rauch. Er verwirbelte zur Gestalt einer Königin, deren Streitwagen von zwei kräftigen Rössern gezogen wurde. Aus den Rädern des Wagens ragten rasiermesserscharfe Klingen.

Klingen, die einem im Nu

DIE BEINE abhacken konnten.

Der Streitwagen fuhr rasend schnell, und die Klingen kamen direkt auf Harry zu.

«TOD DEN RÖMERN!», schrie Boudicca.

Harry zitterte vor Angst. «Also gut! Also gut! Ich mache sie.»

«So ist es rescht, mein lieber Junge!», erwiderte Madame Magna.

Sie zog an ihrer Pfeife, und Königin Boudicca verschwand. Harry sah, wie Madame Magna durch den Korridor davonging und mit jedem Schritt durchscheinender wurde, bis sie sich schließlich in Luft auflöste, in nichts als Luft.

Die Lehrerin verschwand auf ebenso geheimnisvolle Weise, wie sie gekommen war.

Von diesem Tag an erledigte Harry seine Hausaufgaben **immer**. Er wollte diese furchterregende Lehrerin **nie** wiedersehen.

Die Widerliche
WIEBKE

GRUSELIGE KRABBELTIERE NENNT MAN NICHT OHNE
GRUND GRUSELIGE KRABBELTIERE. Sie sind gruselig,
und sie sind krabbelig. Den meisten Menschen sind Viecher
wie Schnecken, würmer, Spinnen, **Raupen** und Küchenschaben unheimlich. Wiebke jedoch nicht.

Wiebke liebte Krabbeltiere. Wenn sie einen Wurm sah, der sich
in der Erde wand, hob sie ihn auf und steckte ihn in die Tasche.
Nun sind Würmer nicht gerade ideale Haustiere.

Sie kommen nicht, wenn man sie ruft.

«Wurm!»

Wenn man für einen Wurm ein Stöckchen wirft, holt er ihn

nicht zurück.

«Hol, Wurm!»

Man kann einem Wurm auch keine

Kunststückchen beibringen.

«**Rolle, Wurm!**

Mach Männchen, Wurm!

Gib Pfötchen, Wurm!»

Doch Wiebke hatte mit den SCHLEIMIGEN Viechern andere
Pläne. Sie wollte damit andere Leute schikanieren.

Wiebke besuchte ein unglaublich *vornehmes* Mädcheninternat:

DIE HERZOGIN
VON QUEENSBURY
SCHULE FÜR MÄDCHEN

(mit extrem reichen Eltern)

Die Schule war voller *junger Damen* mit langen Haaren und noch längeren Namen, wie etwa die Ehrenwerte Lady Antonia-Rose Huntingdon-Smythe.

Sie waren alle perfekter als perfekt mit

ihrer perfekten Haut,

den perfekten Zähnen

und perfekten Fingernägeln.

In ihrer Freizeit pressten die Mädchen am liebsten Wildblumen, sie bestickten Spitzentaschentücher und verzierten kleine Törtchen.

Wiebke bereitete es großes Vergnügen, aus der Reihe zu tanzen. Sie kämmte ihre Haare nicht, sodass sie aussahen wie ein Vogelnest, das von einem schäbigen lila Zopfband zusammengehalten wurde. Sie hatte gern schwarze Dreckränder unter den Fingernägeln. Und ganz besonders stolz war Wiebke darauf, ein wenig zu müffeln.

Die topgepflegte Direktorin der Schule, Miss Duftig, musste nur einen einzigen Blick auf Wiebke werfen, schon schrie sie:

«Wiebke! Du brauchst ein Bad!»

«Nein, danke, Frau Direktorin. Stundenlang in der eigenen Dreckbrühe zu liegen, kann nicht gesund sein!»

Damit sprang Wiebke davon, um sich irgendwo im Matsch zu suhlen, durch ein Gebüsch zu kriechen oder sich in eine Pfütze zu legen.

Wenn es Nacht wurde, schlich Wiebke aus ihrem Schlafsaal, um nach gruseligen Krabbeltieren zu suchen, mit denen sie ihren Mitschülerinnen grausame Streiche spielen konnte.

Einmal hatte Wiebke HUNDERTE BLUTEGEL gesammelt, die sie der Schulsprecherin ins Bett legte.

Als Lady Clarissa-Jane Hever-Blenheim unter die Bettdecke schlüpfte, erlebte sie eine glitschige Überraschung.

«AAAH!»,

schrie das Mädchen, während die Widerliche Wiebke draußen vor dem Fenster höhnisch vor sich hin lachte.

«Hähähä!»

Ein andermal entdeckte Wiebke auf der Wäscheleine im Garten ein Paar Rüschenunterhosen der Direktorin. Wiebke suchte die beiden **LÄNGSTEN UND HAARIGSTEN RAUPEN**, die sie finden konnte, und versteckte sie in der Unterhose. Am nächsten Morgen konnte Miss Duftig bei der Andacht, die sie vor Unterrichtsbeginn mit der ganzen Schulgemeinde abhielt, einfach nicht stillhalten.

«OOOH!»

Noch nie hatte ihr Popo so gejuckt.  «AAAH!»

Die Schülerinnen sahen fassungslos zu, wie die sonst so be-
herrschte Miss Duftig auf der Bühne herumhüpfte und -zappel-
te und dabei JAULTE wie ein kleines Hündchen.

«Ouu!
Ouu!
Oouuu!»

Nur Wiebke wusste, warum. Sie
saß in der letzten Reihe der Aula
und grinste höhnisch über das
Chaos, das sie angerichtet hatte.

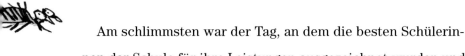

Am schlimmsten war der Tag, an dem die besten Schülerinnen der Schule für ihre Leistungen ausgezeichnet wurden und der Ehrengast des Tages niemand anderes war als

Ihre Majestät die Königin.

Die Königin sollte all jenen Mädchen, die die anderen sogar noch **übertrumpften**, einen Preis überreichen und eine Rede darüber halten, wie man es im Leben am besten nach oben schaffte.

Während all das vonstatten ging, schlich Wiebke (die kaum Gefahr lief, mit Preisen überhäuft zu werden, es sei denn, man verlieh einen für die schlimmsten **Stinkefüße**) in die Schulküche. Dort tauschte sie sämtliche Gurkenscheiben auf den Schnittchen gegen **glitschige Nacktschnecken** aus.

Auf der anschließenden Gartenparty, bei der die Preisträgerinnen mit der Königin Tee und Sandwiches zu sich nahmen, legten alle ihre **besten Manieren** an den Tag. Obwohl die Gurkensandwiches widerlich schmeckten, schluckten die Lehrerinnen, Eltern und ausgezeichneten Mädchen sie klaglos hinunter. Niemand wollte in Gegenwart eines so **vornehmen** Gastes eine Szene machen.

«Köstlich, diese Sandwiches», sagte eine alte Herzogin.

«Ja, die Gurken schmecken so frisch», erwiderte eine Gräfin.

«Man könne meinen, sie wären **lebendig!**»

Wer würde schon vor Ihrer Majestät der Königin sein Essen ausspucken? Nun, niemand außer Ihrer Majestät die Königin. Und zwar aus dem einfachen Grund, dass sie bereits Ihre Majestät die Königin war. Sie nahm einen einzigen Bissen von ihrem **Schneckensandwich** und spuckte ihn sofort wieder aus.

«BÖÄÄH!»,

schrie sie und **spuckte** die Direktorin von oben bis unten voll. Brotkrumen landeten in ihren Haaren, und zwischen ihren Brillengläsern blieb eine halbzerkaute **Schnecke** hängen.

Über den Köpfen der Leute wippte ein Ast auf und ab. Dort oben versteckte sich Wiebke und wieherte vor Lachen.

«In meinem Schnittchen war eine lebende Schnecke!», brüllte die Königin.

«Tatsächlich?», erwiderte die Direktorin, die vor Scham fast im Erdboden versank, als alle Augen sich auf sie richteten. «Mag Eure Königliche Hoheit denn keine **lebenden Schnecken** als Schnittchenbelag?»

«Nein!», erwiderte die Königin. «Und tote auch nicht.»

«Ist notiert! Wir versprechen, Eurer Königlichen Hoheit beim nächsten Mal keinen schneckenhaltigen Imbiss mehr zu servieren.»

«Es wird kein nächstes Mal geben!», fauchte die Königin auf dem Weg zu ihrem Rolls-Royce.

«Schneckensandwiches!
Man hat mir auf meinen
Reisen schon so manches
widerliche Zeug vorgesetzt,
aber das hier ist wirklich die
Höhe! Sperrt die Direktorin in
den Tower von London!»

«Der ist jetzt ein Museum, Ma'am», erwiderte
ihre Hofdame.

«Dann sperrt sie in den
Geschenkeladen», fauchte die Königin.
«Geben Sie Gas, Mann!»

«Jawohl, Ma'am!», erwiderte der Chauffeur, und der Schlitten **brauste** mit wehenden Fahnen davon.

«Halten Sie an der nächsten Dönerbude. Ich brauche unbedingt etwas, um diesen widerlichen Geschmack loszuwerden!», raunzte die Königin, die sich verzweifelt bemühte, den **Schneckensaft** mit einem Taschentuch von der Zunge zu wischen.

Es war der schwärzeste Tag der Schulgeschichte.

Die Schülerinnen, Eltern und Lehrerinnen standen vor einem Rätsel. Wer war das Phantom hinter der gruseligen Krabbeltier-Seuche?

Überall in der Schule wurden **FAHNDUNGSPLAKATE** aufgehängt.

GESUCHT

Wer weiß um die Person, die der Schulsprecherin
Blutegel ins Bett gelegt, die Unterhosen der
Direktorin mit Raupen versehen sowie unsägliche
Kreaturen in die ansonsten köstlichen Sandwiches
gesteckt hat, die *Ihrer Majestät der Königin*
nach der Preisverleihung serviert wurden?
Um Informationen wird gebeten.

100**0** £ Belohnung

für Informationen, die zur Ergreifung
der Übeltäterin führen.

Die Schülerinnen der Herzogin-von-Queensbury-Schule waren zu reich, um sich für läppische einhundert Pfund zu interessieren, deshalb musste die Belohnung auf **1000 Pfund** angehoben werden. Für einige der Mädchen entsprach das dem Taschengeld einer ganzen Woche.

Dennoch gingen die Angriffe weiter.

Eine Toilettenschüssel im Klo der Lehrerinnen war **bis zum Rand** mit Küchenschaben gefüllt, die der Geschichtslehrerin Miss Wolsley in den Hintern piksten, als sie sich setzte.

«AUTSCH!»

Die Kunstlehrerin Miss Hockney erlitt den **SCHRECK** ihres Lebens, als sie versuchte, sich eine **RIESENGROSSE HAARIGE SPINNE** an die Brust zu heften, die jemand in die Schachtel mit ihren Broschen gesetzt hatte.

«AAH!»

Und die Hausmutter erlebte eine **böse Überraschung**, als sie sich am Ende des Tages ein großes Glas Whisky eingoss, nur um feststellen zu müssen, dass die Flasche voller **lebender Maden** war.

«NEEEIIN!»

Jeder **gemeine Streich**, den Wiebke jemandem spielte, sollte fieser sein als der vorherige. Sie stand morgens vor dem Unterricht auf, um zum Teich hinunterzugehen und **Kaulquappen**, **Frösche** und **Molche** zu fangen. In der Mittagspause suchte sie auf dem Gelände nach **Käfern**, **Tausendfüßlern** und **Asseln**.

Mitten in der Nacht verließ sie ihr Bett, um auf dem Sportplatz nach Regenwürmern zu graben, und die **zappeligsten** von ihnen lud sie zu Hunderten in eine Schubkarre und nahm sie mit in ihren Schlafsaal.

Dort verwahrte sie sämtliche **Viecher** in einer riesigen Kiste unter ihrem Bett.Es war eine

Schatztruhe voller zuckender,

zappelnder gruseliger Krabbeltiere.

Wenn sie ihre frische Beute hineinschüttete, lachte Wiebke vor sich hin.

«Hahaha!»

Lag sie nach ihren Beutezügen schließlich wieder im Bett, ersann sie ihren nächsten Albtraum. Je größer und schlimmer, desto besser. Eines Nachts kroch aus dem dunkelsten Winkel ihres Kopfes der gemeinste Gedanke von allen. Vielleicht sollte sie sämtliche Viecher auf einmal verwenden? Das wäre der grausligste Streich überhaupt. Er würde ihr Meisterwerk sein.

Es war selbst für Wiebkes Verhältnisse ein schauerlicher Plan.

Sie würde die Badewanne der Direktorin bis zum Rand mit gruseligen Krabbeltieren füllen. Schließlich lag Miss Duftig Wiebke ständig damit in den Ohren, dass sie ein «anständiges Bad» nehmen solle, und bei Versammlungen schwärmte sie vor den Schülerinnen von den Freuden des Wannenbadens.

«Ihr solltet mindestens drei Mal am Tag baden, Mädchen. Das reinigt nicht nur den Körper, sondern, viel wichtiger noch, auch den Geist», pflegte sie zu sagen.

Sobald es **dunkel** wurde, zerrte Wiebke ihre schwere Kiste zum kleinen Haus der Direktorin hinüber. Sie kletterte durch ein offen stehendes Fenster und suchte das Badezimmer. Die Wanne war bereits mit heißem Wasser gefüllt, und der liebliche Duft von Lavendelöl lag in der Luft. Wiebke wurde fast schlecht von dem Geruch.

«IGITT!»

Das Licht im Badezimmer war heruntergedreht, und rund um die Badewanne brannten Kerzen. Wiebke zog den Stöpsel, damit das Wasser ablief. Im Nebenraum erspähte sie die Direktorin im Nachthemd, die für das ALLABENDLICHE BAD gerade ihre langen grauen Haare unter einer Haube verstaute.

Als Nächstes steckte das grausame Mädchen den Stöpsel wieder ein und kippte alle ihre **gruseligen Krabbeltiere** aus der Kiste in die Wanne. Sie füllte sie **bis zum Rand**.

Es war ein grauenhafter Anblick: All die gruseligen Krabbeltiere **kribbelten** und **krabbelten** in einem Meer des **SCHRECKENS** übereinander.

Wiebke trat zurück und betrachtete ihr Werk.

«Ha ha ha!», kicherte sie mit dem fiesen Bild vor Augen, wie Miss Duftig nichtsahnend in die Badewanne glitt.

Doch noch während Wiebke gedankenversunken dastand, schwang die Direktorin die Badezimmertür auf.

PENG!

Die Tür traf Wiebke, hob sie von den Füßen und ließ sie kopfüber in die Wanne kippen.

Im Handumdrehen war sie von gruseligen Krabbeltieren bedeckt. Die sie auf der Stelle auffraßen. Die Direktorin versuchte verzweifelt, Wiebke aus der Wanne zu ziehen.

 «WIEBKE!

WIEBKE!»

Doch bis auf ein halbaufgefressenes lila Haarband war von dem Mädchen nichts mehr übrig.

In gewisser Weise hatte Wiebke recht gehabt. Wannenbäder waren wirklich nichts für sie.

Wäre sie am Leben geblieben, hätte sie etwas Wichtiges gelernt:

WAS DU
NICHT WILLST,
DAS MAN
DIR TU,
DAS FÜG
AUCH KEINEM
ANDERN ZU.

Der Verwöhnte
FRANTZ

FRANTZ WAR DER VERWÖHNTESTE JUNGE der Welt. Er kam aus einer **superreichen** Familie, die ihr Geld mit ihrem Geld verdiente. Frantz lebte mit seiner Mama und seinem Papa in einer **Villa mit hundert Zimmern** in Amerika.

Weil Frantz so verwöhnt war, gab er auf die **tollen Sachen,** die er geschenkt bekam, kein bisschen acht.

Seine Mama und sein Papa kauften ihrem einzigen Kind alles, was es sich je erträumt hatte, und noch mehr …

Hundert Hundewelpen, die Frantz schnell langweilig wurden und auf dem Müll landeten.

«WUFF!»

Eine eigene **weiße Minilimousine,** die Frantz absichtlich mit Karacho gegen die Wand fuhr.

KNIRSCH!

Einen Roboter, den Frantz' Eltern anschafften, damit ihr Sohn Gesellschaft hatte, denn er besaß keine Freunde. Aber irgendwie schaffte es Frantz, sich mit dem Roboter zu zerstreiten, deshalb schubste er ihn in den Swimmingpool. Dort lag er auf dem Grund und rostete vor sich hin.

GLUCK! GLUCK! GLUCK!

Eine Ballmaschine, die Frantz bei seinen Tennisstunden unterstützen sollte. Stattdessen richtete der Junge sie auf seinen leidgeprüften Tennislehrer und beschoss ihn mit Bällen wie aus einer Kanone.

«AUTSCH!»

Ein mehrbändiges **ledergebundenes Lexikon**. Doch nachdem Frantz den Eintrag für «Aabenraa» gelesen hatte, gab er es auf und benutzte die restlichen Seiten als Klopapier.

RITSCH! WISCH!

Ein kostbares altes Ölgemälde, in das Frantz mit dem Kopf ein Loch hineinschlug, damit er es als Halloweenkostüm tragen konnte.

RATSCH!

SCHWING!

Einen Kronleuchter aus geschliffenem Glas für sein Zimmer, den er als Schaukel benutzte.

Einen antiken Kontrabass, auf dem Frantz kein einziges Mal spielte. Stattdessen verwendete er das Instrument als Rennschlitten, sobald genug Schnee lag.

HUI**I!**

Eines Morgens kam Frantz in seinem *seidenen Schlafanzug*, dem passenden *Bademantel* und den mit seinem Monogramm bestickten *Samtschläppchen* die **langgezogene** Prachttreppe des Hauses herab.

«Guten Morgen, Junior», murmelten seine Eltern. Papa studierte gerade die Börsenkurse im Finanzblatt. Währenddessen blätterte Mama in einer Hochglanzzeitschrift und erfreute sich an den Bildern der **Reichen und Berühmten**, bei denen die Schönheitsoperationen mächtig schiefgegangen waren. Dabei wurden sie wie immer von ihrem ziemlich versnobten Butler Hopkins bedient.

«PFANNKUCHEN, BUTLER!», befahl Frantz, als er in den prachtvollen Speisesaal kam und zu dem unglaublich langen Esstisch hinüberging. «Mit **Sahne, Eis** und **Schokoladensoße!**»

«SOFORT!»

«Selbstverständlich, junger Herr», gurrte Hopkins, ehe er sich verbeugte und sich in die Küche zurückzog.

Frantz ließ sich auf seinem üblichen Platz am Kopfende des Tisches nieder.

«Mama? Papa?»

«Ja, Junior? Hat dir deine Eine-Million-Dollar-Geburtstags-party gestern gefallen?», fragte Papa.

«So lala», erwiderte Frantz. «Ich habe nachgedacht.»

«Ach, ja … ?», sagte Mama wie aus der Pistole geschossen. Es kam nicht oft vor, dass ihr Sohn nachdachte.

«Es ist unfair, dass ich ein ganzes Jahr auf meinen nächsten Geburtstag warten muss.»

«Nun ja, das muss jeder, Junior», sagte Papa. «Deshalb sind Geburtstage ja auch etwas Besonderes.»

«Ich will aber nicht warten!», protestierte Frantz. «Ich will jeden Tag Geburtstag haben!»

Mama und Papa sahen sich an. Sie waren es gewöhnt, dass sich Frantz wie ein verwöhnter Fratz aufführte, aber das hier war ein neuer Tiefpunkt.

«Mein lieber Junge!», sagte seine Mama. «Wir haben gestern einen unglaublich kostspieligen Tag für dich arrangiert. Du hast eine **riesige Schokoladentorte** bekommen …»

«Ich liebe Torte!», erklärte Frantz.

«Das wissen wir», sagte sein Papa.

«Es gab einen Jahrmarkt im Garten, einen Berg von Geschenken …», fuhr Mama fort.

«Und wir haben Hunderte Kinder aus dem ganzen Land herangekarrt, die tun sollten, als wären sie deine Freunde», fügte Papa hinzu.

«Dann könnt ihr das doch heute wieder machen. Und morgen. Und übermorgen. WO BLEIBEN MEINE PFANNKUCHEN, BUTLER? Und am Tag danach und danach.»

«Und wenn wir es nicht tun?», fragte Mama.

Frantz überlegte einen Moment. «Wenn ihr es nicht tut, stecke ich euch bei der ersten Gelegenheit in ein Altersheim und lasse euch dort **verrotten**!»

Papa seufzte. «Dann sollten wir besser loslegen», sagte er.

«JAWOHL!», rief Frantz.

«DIE PFANNKUCHEN! SOFORT!»

Hopkins kam mit einem Silbertablett aus der Küche.

«Ihre Pfannkuchen, Sir», sagte er.

«Das hat zu lange gedauert!», zischte Frantz. «Kannst du ihm Stockhiebe verpassen lassen, Papa?»

«Nein, das wäre nicht richtig, mein Sohn.»

«Schade», murmelte der Junge.

Hopkins hob eine Augenbraue.

Hastig wurde alles vorbereitet, und um Punkt vier Uhr war Frantz' zweite Geburtstagsparty innerhalb von zwei Tagen in vollem Gang. Auf dem Rasen stand ein riesiges Discozelt, im Swimmingpool fand eine Delfinvorstellung statt, und es gab eine Hüpfburg, die so groß war wie die ganze Villa (auch wenn Frantz darauf bestand, dass er als Geburtstagskind als Einziger darauf hüpfen durfte).

«Alles Gute zum Geburtstag!»,

riefen Mama und Papa, als eine gewaltige Schokoladentorte herbeigerollt wurde.

«TORTE!», schrie der Junge.
«Alles Gute für MICH!»

Frantz riss mit beiden Händen ein Riesenstück aus der Torte und stopfte es sich in den Mund.

«Wo sind meine Geschenke?», schrie er dann und spritzte Tortenkrümel auf die Gäste, die alle ein wenig gelangweilt dreinschauten, weil sie auch am **Vortag** schon auf seiner Party gewesen waren.

Hopkins wankte mit einem Berg von Geschenken heran.

«Das reicht nicht», erklärte Frantz. «Morgen will ich noch **mehr!**»

Der Butler **schüttelte** den Kopf, die Geschenke fielen zu Boden. Mama und Papa sahen sich an und seufzten.

Am nächsten Tag ging **alles von vorne** los. Wieder gab es eine Geburtstagsparty für Frantz.

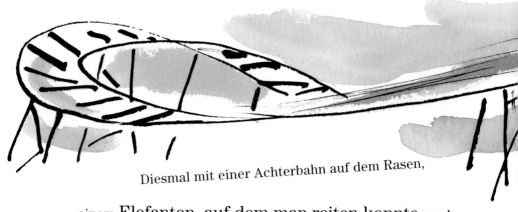

Diesmal mit einer Achterbahn auf dem Rasen,

einem **Elefanten, auf dem man reiten konnte,** und einem berühmten Popstar, der auf einer kleinen Bühne seine

Hits sang. Frantz beschloss, dass alle anderen Partygäste Kopfhörer tragen sollten, damit er allein den Auftritt hören konnte.

Wieder wurde die GRÖSSTE Geburtstagstorte, die die Leute je gesehen hatten, von vier Angestellten herbeigekarrt.

«TORTE!», rief Frantz.
«Alles Gute für MICH!»

«Wie bitte?», fragte Mama. Sie konnte ihren Sohn nicht hören, weil sie immer noch die Kopfhörer trug.

Diesmal schrie der Junge:

«ALLES GUTE FÜR MICH, HAB ICH GESAGT!»

«Ja, richtig. Alles Gute, Junior», sagte die Mama.

Diesmal war die Torte
so groß wie ein Plansch-
becken.
**Frantz raffte
mit beiden Händen**
so viel zusammen, wie er
nur konnte, und stopfte
es sich in den Mund. Der
Brocken, den er sich nahm,
war größer als der, den er
zurückließ.

«Wo sind meine Geschenke?», maulte er dann, wobei er sämtliche Gäste, die nur gegen Bezahlung gekommen waren, von Kopf bis Fuß mit Krümeln bespritzte.

«ICH WILL GESCHENKE!»

Mama und Papa hatten am Vortag ihre Lektion gelernt. Heute mussten es mehr Geschenke sein. Also kam der Butler mit einem Gabelstapler angefahren, der turmhoch mit Geschenken beladen war.

Frantz warf einen einzigen Blick auf das, was seine Eltern heute für ihn gekauft hatten, und brach in Tränen aus.

«Was ist denn jetzt los, Junior?», fragte sein Papa flehentlich.

«Ich dachte, ihr habt mich lieb!», heulte Frantz.

«Das ist alles, was ihr mir gekauft habt? Morgen will ich NOCH MEHR. **KAPIERT?**

MEHR! MEHR! **MEHR!»**

Auf seiner Geburtstagsparty am nächsten Tag bekam er mehr. Viel mehr. Diesmal stand im Garten eine Wildwasserbahn, auch wenn Frantz damit nicht fuhr, weil er es HASSTE, nass zu werden. Ein Schwergewichtsboxer war da, der von Frantz' Eltern dafür bezahlt wurde, so zu tun, als würde er von einem einzigen Schlag ihres Sohnes k. o. gehen. Es gab eine Motorradshow, aber alle Partygäste mussten eine Augenbinde tragen, damit nur Frantz die Vorstellung sehen konnte. Schließlich war es sein Geburtstag. Auch wenn inzwischen natürlich jeder Tag sein Geburtstag war.

Eines der Kinder, die man mit Bussen herbeigeschafft hatte, damit sie taten, als wären sie Frantz' Freunde, beging den Fehler, den Mund aufzumachen. «Weißt du, Frantz, eigentlich habe ich heute auch Geburtstag.»

Der verwöhnte Frantz heulte auf der Stelle los.

«WHÄÄÄ!»

«Was ist denn jetzt schon wieder?», wollte Papa wissen.

«Diese widerliche kleine Kakerlake hat meine Geburtstagsparty ruiniert!»

«Wieso denn?», fragte Papa.

«Er hat gesagt, dass er auch Geburtstag hat.»

«Aber *so ist es!*», bestätigte der Junge. «Wenn ich nicht hundert Dollar bar auf die Hand dafür bekäme, hier zu sein, würde ich jetzt zu Hause mit meinen Leuten feiern.»

«ICH TEILE MEINEN GEBURTSTAG ABER MIT NIEMANDEM!», brüllte Frantz. «Lass ihn öffentlich auspeitschen!»

«Wir können ihn nicht auspeitschen lassen, Frantz», erwiderte Papa.

«WIE SCHADE! DANN SETZT IHN SOFORT VOR DIE TÜR!», verlangte Frantz.

Im nächsten Moment packten zwei muskulöse Sicherheitsleute den Jungen unter den Achseln. «Krieg ich trotzdem meine hundert Piepen?», fragte der, als er fortgetragen wurde.

«So», sagte Frantz.

«Und weil dieser Junge meinen Geburtstag kaputt gemacht hat, will ich heute DOPPELT SO VIELE Geschenke.»

«Und die haben wir», sagte seine Mama. Wie auf ein Stichwort schwang ein riesiger Kran über sie hinweg. Der Butler saß am Steuer.

Am Ausleger des Krans hing **ein riesiges Netz**, das bis zum **Bersten** mit Geschenken gefüllt war. Es mussten Tausende sein. So viele, dass sie die Sonne

verdunkelten. Ganz langsam wurde das Netz zu Boden gelassen. «Bist du jetzt glücklich, Junior?», fragte Papa.

«Nein, bin ich nicht!», erwiderte Frantz.

«Warum nicht?»

«Weil ihr die Torte vergessen habt. Wie kann es eine Geburtstagsparty ohne Torte geben?»

«Aber natürlich gibt es eine Torte», widersprach Mama.

Sie schnippte mit den Fingern, und schon wurde die

größte Torte, die die Welt je gesehen hatte, von einem

Traktor herbeigezogen. Die Torte war so groß wie ein

Swimmingpool.

«TORTE!», schrie der Junge.
«Alles Gute zum Geburtstag für MICH!»

Während die Gäste ein wenig zögerlich «Happy Birthday» anstimmten – schließlich sangen sie das Lied nun schon drei Tage hintereinander –, kletterte Frantz auf die Spitze des Geschenkehaufens.

«Was tust du da, Junior, um Himmels willen?», rief Mama ihm nach.

«Ich werde in die Torte springen!», erwiderte Frantz.

Mit diesen Worten machte der verwöhnte Fratz einen **Satz** und landete mitten in der Torte, mit einem gewaltigen

PLATSCH!

Kuchenstückchen

spritzten auf alles und jeden.

Frantz begann sich vollzustopfen. Während er strampelte, als wollte er wassertreten*, schaufelte er sich immerzu Torte in den Mund.

Durch die **riesigen Mengen** an Torte, die er seit Tagen vertilgte, war Frantz ziemlich mollig geworden, sodass er immer tiefer und tiefer in die Torte sank. Es dauerte nicht lange, bis er begriff, dass er dabei war, in seiner eigenen Schokoladentorte zu ertrinken.

«HELFT MIR!»,

schrie er.

Während seine Mama und sein Papa zusahen, stahl sich allmählich ein Lächeln in ihre Gesichter.

Hopkins ergriff das Wort. «Entschuldigen Sie, Sir, möchten Sie, dass ich hineintauche und ihn rette?»

«Lassen Sie uns nichts übereilen», erwiderte Papa.

«Unser Söhnchen liebt seine Torten», fügte Mama hinzu.

Der Butler lächelte in sich hinein.

---

* «Kuchentreten» ist in diesem Fall der richtige Ausdruck.

Langsam, aber sicher **versank** der verwöhnte Frantz in seiner Torte. Kurz darauf war er **verschwunden** und wurde nie wieder gesehen.

Die Moral von dieser Geschichte ist ganz einfach.

Selbst wenn man alles kriegt, was man sich wünscht, sollte man nicht **zu gierig** sein. **Sonst geht man vielleicht irgendwann unter.**

MEgaN StiNkt aus dEm MUNd!

TRISCHA
der Troll

ES WAR EINMAL ein Mädchen, das wohnte im obersten Stock eines sehr hohen Mietshauses und hieß Trischa. Das Mädchen schaute aus seinem Fenster in die Welt hinaus und träumte davon, **absolute Macht**

über alle

Menschen zu haben.

Manchmal kniff sie das eine Auge zu und hielt sich die Finger vor das andere. Dann suchte sie fünfzig Stockwerke weiter unten nach Passanten – das konnte eine alte Dame sein, die ihren Hund spazieren führte, ein Kind, das mit einem Ball spielte, oder eine junge Mutter, die mit ihren Einkäufen nach Hause eilte. Wer auch immer es war, Trischa nahm die Leute ins Visier und tat, als würde sie sie zwischen ihren Fingern **zerquetschen**.

«Du bist **zerquetscht** und du und du», sagte sie vor sich hin, während ein breites Lächeln in ihr Gesicht trat. «Ich werde euch alle **zerquetschen!**»

Trischa sehnte sich nach einer Möglichkeit, Menschen auch im wahren Leben **zerquetschen** zu können.

Die Idee kam ihr, wie es bei guten Einfällen oft der Fall ist, auf der Toilette. In der Schule war gerade Pause, und Trischa saß auf dem Klo und starrte die zahllosen Graffiti an, mit denen die Tür und die Wände ihrer Kabine verziert waren. Es gab kaum eine Stelle, auf der keine Worte oder Zeichnungen prangten.

Einige Graffiti waren Kurzmeldungen über das Liebesleben der Lehrer:

MISS TROUT LIEBT MR. PRUFROCK.

Mr. Bongers und Miss Danube haben auf einem Baum G.E.k.n.u.t.s.c.h.t!

Miss Birch ist scharf auf Mr. Fumble.

Andere Graffiti wirkten eher wie alternative Schulzeugnisse:

Mathe ist langweilig!

ICH HASSE GESCHI!

NAWI IST BLÖD!

Es gab auch ein paar harsche Restaurantkritiken über die

Schulmensa:

ERBSENEINTOPF ist was für LEBENSMÜDE!

DEN PUDDING kann man an die Wand NAGELN.

SETZT PIZZA AUF DEN SPEISEPLAN!

Trischa fragte sich, was es für ein Gefühl sein mochte, etwas wirklich Fieses zu schreiben. Wäre es, als würde man jemanden wirklich **zerquetschen**?

In der Tasche ihres Schulblazers trug Trischa immer einen **dicken** Filzstift bei sich. Sie klemmte die Kappe zwischen die Lippen und überlegte, was sie schreiben sollte. Das beliebteste Mädchen der Schule war Megan. Megan war immer nett zu den jüngeren Kindern, achtete darauf, dass alle mitspielten, und hatte für jeden ein Lächeln, selbst für Lehrer, die so mürrisch waren wie Mr. Bongers. Schließlich schrieb Trischa in großen schwarzen Buchstaben:

MEGAN STINKT AUS DEM MUND!

Megan stank nicht aus dem Mund. Aber darauf kam es nicht an.

Worauf es Trischa ankam, war einzig und allein, dass Megan sich richtig **zerquetscht** fühlen würde, wenn sie das las.

Als Trischa die Toilettenkabine verließ und am Spiegel vorbeiging, bemerkte sie etwas Erschreckendes. Auf ihrer Nasenspitze hatte sich eine dicke Warze gebildet.

Das war merkwürdig. Heute Morgen war ihr nicht das Geringste aufgefallen. Hastig zog sie sich die Haare ins Gesicht, um die Warze zu verstecken, und eilte zur nächsten Unterrichtsstunde.

Bis zur Mittagspause hatte sich die Neuigkeit von dem, was an der Toilettenwand stand, wie ein Lauffeuer in der ganzen Schule verbreitet. Die arme Megan weinte und wurde von ihren Freundinnen getröstet. Trischa blieb in ihrer Nähe und mampfte einen Müsliriegel, um ihnen zuzuhören.

«Stinken?! Ich stinke doch nicht aus dem Mund, oder?»**, schluchzte Megan unter Tränen.

«NEIN!», rief ein ganzer Chor von Stimmen.

«Aber warum schreibt dann jemand so etwas?»

«Das ist bestimmt irgendein Sado, dem es einen Kick verschafft, klammheimlich gemeine Sachen zu machen», erwiderte ihre allerbeste Freundin Cheryl.

«Ich glaube, so Typen nennt man Trolle», fügte ein sportlicher Junge namens Paul hinzu, der Fußballtricks übte.

«Wer würde dich denn so ärgern wollen?», fragte Trischa mit einem verlegenen Grinsen. «Ich finde, du bist das netteste Mädchen der ganzen Schule.»

«Vielen Dank», erwiderte Megan. Da blies ein Windstoß Trischas Haare aus dem Gesicht und Megan entdeckte die Warze.

Sie war so groß, dass man sie nicht übersehen konnte.

«Trischa?», fragte Megan.

«Ja?»

«Was ist das für ein Ding?»

«Welches Ding?», fragte Trischa, die sich ahnungslos stellte.

«Das Ding auf deiner Nase», erwiderte Megan.

«Ach, das kleine Ding? Ist bloß ein Minipickel. Morgen früh ist er wieder weg.»

Doch am nächsten Morgen war er nicht weg. Trischa fuhr aus dem Schlaf und griff sofort an ihre Nase.

«O nein!», murmelte sie, als sie sich aufsetzte. «Die Warze ist immer noch da!»

Egal, sie musste weiter zerquetschen.

Trischa beeilte sich, an diesem Morgen als Erste in der Schule zu sein. Es war noch kein Mensch da, perfekt für das, was sie vorhatte. Sie schlich in den Kunstraum und schnappte sich einen Eimer Farbe und einen Pinsel. Dann holte sie die Leiter des Hausmeisters aus dem Schuppen. Nachdem sie sich vergewissert hatte, dass sie immer noch allein war, malte sie Buchstaben auf das Hauptgebäude, die so riesig waren, dass man sie selbst vom Weltraum aus lesen konnte.

CHERYL HAT EINEN MONSTER-HINTERN!

Als Trischa die Leiter hinunterstieg, brannten ihre Ohren. Sie fasste hin.

«AUTSCH!»

Ihre Ohren waren glühend heiß und wurden in beunruhigendem Tempo größer. **Dicke** Haare begannen darauf zu sprießen.

PING!

PING!

PING!

Vor ihren Füßen war eine Pfütze, darin betrachtete Trischa ihr Spiegelbild.

«NEIIIN!»,

schrie sie auf. Sie hatten plötzlich zwei **gigantische PELZIGE** Ohren, die auch einem Gorilla gut zu Gesicht gestanden hätten.

Als sie die stellvertretende Schulleiterin, Miss Birch, in ihrem Elektrorollstuhl durch das Schultor rollen sah, versteckte sich Trischa hinter den Fahrradständern. Dort wartete sie auf die Ankunft von Cheryl. Sie konnte es kaum erwarten, ihre Reaktion zu sehen …

Das arme Mädchen brach in Tränen aus, sobald sie die Worte an der Mauer sah.

«Ich habe doch keinen Monsterhintern, oder?», heulte Cheryl.

«Nein, dein Hintern ist klein», erwiderte Megan.

«Zu klein?», wollte Cheryl wissen.

«Nein!», sagte Paul. «Mittel.»

«Mittelklein oder mittelgroß?»

«Mittelmittel», sagte Paul.

Trischa kicherte in sich hinein. Wieder ein Opfer **zerquetscht**.

RRIIING!

Es läutete zum Unterrichtsbeginn. Wegen ihres zunehmend eigenartigeren Aussehens wollte Trischa lieber warten, bis die Luft rein war. Sobald sich der Schulhof geleert hatte, schlich sie ins Schulgebäude. Auf dem Weg zum Geschichtsunterricht schlenderte sie durch den Korridor. Obwohl sie spät dran war, konnte sie nicht widerstehen, ein weiteres Mal zuzuschlagen. Trischa zog ihren **dicken** Filzstift heraus und schrieb quer über die Wand …

PAUL HAT EIN PIZZAGESICHT!

Kaum hatte sie ihr Wörtergift versprüht, spürte Trischa, wie auf ihrem Handrücken dicke, krause Haare zu sprießen begannen.

«AAAH!»,

schrie sie.

Sie betrachtete die andere Hand. Vor ihren Augen verwandelten sich ihre Hände in Klauen, und ihre Fingernägel wurden zu **spitzen Krallen**.

«WAS PASSIERT MIT MIR?!», schrie sie.

Die Tür eines Klassenraums schwang auf.

«Trischa Tonking!», schimpfte Mr. Bongers, der kahlköpfige Geschichtslehrer mit der dicken Brille. «Was soll dieses Geschrei?»

«Nichts, Sir!»

«Du bist zu spät!»

«Tut mir leid, Sir!»

«Komm auf der Stelle herein!»

Trischa atmete tief durch und zog die Haare über die Ohren, in der Hoffnung, sie so verstecken zu können. Dann senkte sie den Kopf und **zerrte** an den Ärmeln ihres Blazers, damit Mr. Bongers weder ihre **Warze** noch ihre **Klauen** sah.

Sie eilte an ihrem Lehrer vorbei und verkroch sich in der hintersten Ecke des Klassenzimmers.

«Also, wo waren wir?», fragte Mr. Bongers.

«Bei den Wikingern, Sir», sagte Thomas, der schlaueste Junge der Klasse.

«Ach, ja, danke, Thomas. Die Wikinger. Nun, die Wikinger hatten ihren ganz eigenen Glauben. Kann mir jemand sagen, an was sie glaubten?»

«An Elfen», erwiderte Thomas selbstsicher.

«Sehr gut, Thomas», sagte der Lehrer und schrieb Elfen an die Tafel. «Das stimmt. Was noch?»

Wieder hatte Thomas als Erster die Hand in der Luft.

«Noch jemand außer Thomas?», fragte Mr. Bongers.

«Ja, Megan?»

«Riesen?», schlug das Mädchen vor.

«Ausgezeichnet. *Riesen* nehmen wir auch. Irgendwelche anderen Ideen? Jemand, der nicht Thomas heißt?»

Während die anderen Kinder weitere Vorschläge machten, zog Trischa eine Reißzwecke aus einem Poster an der Wand und begann damit in ihre Tischplatte zu RITZEN. Es war Zeit, wieder jemanden zu **zerquetschen**. Grinsend ritzte sie die Worte:

THOMAS IST EIN HONK!

Trischa war gerade dabei, das «O» von «HONK» abzurunden, als sie plötzlich stechende Zahnschmerzen bekam.

«Au!» Das tat weh.

Trischa betrachtete ihr Spiegelbild in der Fensterscheibe.

Ihre Zähne waren dabei, sich in REISSZÄHNE zu verwandeln!

Trischa sah so **furchterregend** aus, dass sie Angst vor sich selbst bekam. Ihr Mund öffnete sich zu einem stummen Schrei.

«EIN TROLL!», schrie

Paul da.

«Sehr gut, Paul», sagte Mr. Bongers.

«Das nächste Mal meldest du dich bitte,

aber die Antwort ist richtig. Die Wikinger

glaubten tatsächlich an Trolle.»

«Nein, Sir! Sehen Sie doch!

EIN TROLL!», schrie Paul, der hektisch auf Trischa

zeigte. Alle sahen nach hinten.

«AAAH!», kreischten die anderen

Kinder, als Trischas Blazer zerriss …

RAATTSCHH!!!

… und ein dicker, **FELLBE-
DECKTER** Rücken herausplatzte.

Als Nächstes zerbarsten
die Schuhe …

RRRIIITTSCCH!!!

… und zehn **fette,
schmutzige Zehen
quollen** heraus.

«BÖÄÄH!» Trischa wurde übel beim

Anblick der schwarzen, dreckstarrenden Nägel.

Zaghaft näherte sich Mr. Bongers dem Ding, das hinten in
seinem Klassenraum saß.

«Geht es dir gut, Trischa?», fragte er. «Du siehst nämlich aus,
als hättest du dich in, nun … eine Art Troll verwandelt.»

«ICH BIN KEIN TROLL!»,

knurrte Trischa. Ihre Stimme klang plötzlich viel **tiefer** und
dunkler als sonst. Es war, als spräche ein Hundertjähriger,
der täglich hundert Zigaretten rauchte.

«Ehrlich gesagt, siehst du aber aus wie ein Troll,
Trischa Tonking», erwiderte der Lehrer.

«ACH, VERPISS DICH, DU STINKENDER AFFENFURZ!», fauchte Trischa.

Cheryl und Megan sahen sich an. Sie hatten gerade etwas be-
griffen.

«ES MUSS TRISCHA GEWESEN SEIN, DIE ALL
DIE GEMEINHEITEN GESCHRIEBEN HAT!»,
rief Megan.

«HALT DIE KLAPPE, FETTQUALLE!»

«SIE IST DER TROLL!», rief Cheryl.

Trischa der Troll war aufgeflogen.

Sie musste hier raus, und zwar schnell. Sie schoss zur Tür, stellte jedoch fest, dass sie mit ihren Klauen den Griff nicht packen konnte.

«BLÖDE TÜR!», röhrte sie, ehe sie sich mit der Schulter dagegenwarf und sie aus den Angeln riss.

Die Tür fiel **krachend** zu Boden.

P
E
N
G
!

R
U
M
S
!

«HALTET DEN TROLL!», brüllte Mr. Bongers.

Als das Wesen durch den Korridor davontrippelte, gingen die anderen Klassenräume auf, und Lehrer und Schüler schwärmten heraus, um festzustellen, wer oder was hinter diesem Radau steckte. **Kurz darauf nahmen Hunderte Schulkinder und Lehrkräfte die Verfolgung auf. Am begeistertsten von allen schien die alte Miss Birch zu sein.** Die stellvertretende Schulleiterin eilte den anderen mit Vollgas voraus und war Trischa mit ihrem Elektrorollstuhl dicht auf den Fersen.

SCHWIRR!
«MIR NACH, KINDER!», rief Miss Birch.

Als Trischa der Troll um die nächste Ecke bog, sah sie, dass sie **in der Falle saß.** Eine Wand aus Menschen verstellte ihr in jeder Richtung den Weg.

«PASST BLOSS AUF! SONST BEISSE ICH!», schrie sie mit gefletschten Zähnen.

«Versuch's nur», erwiderte Miss Birch mit einem Lächeln.

«ANGRIFF!» , schrie die alte Dame dann und schwenkte ihren Gehstock. Ihr Rollstuhl fuhr mit Vollgas auf den Troll zu.

In einem verzweifelten Fluchtversuch sprang Trischa der Troll aus dem Fenster … **KLIRR!**

… und lief quer über den Hof und zum Schultor hinaus. Inzwischen war dem Troll die ganze Schule auf den Fersen. Alle **schrien,** und es dauerte nicht lange, bis auch Passanten die Verfolgung aufnahmen.

«HALTET IHN FEST!», schrie die Schülerlotsin.
«FANGT IHN!», brüllte der Verkehrspolizist.
«SPERRT IHN EIN!», rief ein Pfarrer.

Trischa rannte an ihrem Wohnblock vorbei. Dort würde man sie finden, deshalb lief sie in ein kleines Wäldchen hinter dem Gebäude. Kurz darauf landete sie auf einem gruseligen kleinen Friedhof. Erschöpft legte sie sich neben einen Grabstein.

«Hier entlang, Leute!»,

rief Miss Birch, die die Meute mit ihrem Elektro-rollstuhl anführte. **«Ich kann ihn riechen!»**

Trischa versteckte sich hinter einem Sarkophag. Die Meute sah sie nicht und überquerte den Friedhof, um anderswo weiterzusuchen.

Viel zu verängstigt, um ihr Versteck zu verlassen, beschloss Trischa der Troll, **sich bis zum Abend nicht von der Stelle zu rühren.** Doch sobald die Sonne unterging, schwärmte die Menge erneut über den Friedhof, viele schwenkten brennende Fackeln oder Gabeln.

«Hier hören die Fußabdrücke auf»,

stellte Mr. Bongers fest, der nun mit einem **riesigen**

Schmetterlingskescher bewaffnet war.

«Dann muss sich der Troll irgendwo auf dem **Friedhof** verstecken», erwiderte Miss Birch, die nun mit einer antiken Muskete bewaffnet war.

Die brennenden Fackeln wanderten über den ganzen Friedhof. Es dauerte nicht lange, bis eine von ihnen vor einem großen behaarten Fuß innehielt, der hinter einem Sarkophag hervorlugte.

«DA IST ER!», schrie Mr. Bongers.

«ER GEHÖRT MIR!», rief Miss Birch in ihrem Rollstuhl, als sie die Muskete hob und zielte.

Trischa hatte keine Wahl. Sie rannte davon.

PENG! PENG! hallten Schüsse.

Pulverdampf vernebelte die Luft.

Der Troll kroch durch ein Gebüsch und stolperte eine steile Böschung hinunter, ehe er unten in einen eiskalten Fluss fiel.

PLATSCH!

Die Meute sah von oben zu, wie die Strömung das Wesen davontrug.

«MIST!», fluchte Miss Birch. «Ich hab kein Schießpulver mehr!»

Nachdem Trischa der Troll die ganze Nacht flussabwärts getrieben war, wurde sie schließlich ins Meer gespült.

«HILFE!», schrie sie.

Bald war das Land nicht mehr als eine Erinnerung. Gerade als Trischa glaubte, das Meer würde sie verschlingen, erspähte sie eine winzige Insel. Sie war kaum mehr als ein Felsen, der aus dem Wasser ragte. Eine Welle schleuderte sie dagegen. Trischa klammerte sich mit ihren Klauen verzweifelt daran fest. Während um sie herum die Wellen anbrandeten, gelang es ihr mit Müh und Not, sich hinaufzuziehen. Eine **kalte, dunkle Höhle** war der einzige Schutz vor dem grausamen Meer. Hustend und spuckend kroch Trischa hinein.

Diese Höhle wurde ihr neues Zuhause. Sie war so klein, dass Trischa sich darin nicht einmal aufrichten konnte.

«O nein», rief sie. «Hier wird man ja total zerquetscht!»

Jetzt wusste sie, wie sich das anfühlte.

Trischa der Troll verbrachte den Rest ihres Lebens allein auf der Insel und lebte UNGLÜCKLICH bis ans Ende ihrer Tage.

Der Ehrgeizige
ERKAN

ERKAN ECCLESTONE HASSTE ES, klein zu sein. Er hatte das Gefühl, alle anderen würden unentwegt auf ihn herabsehen. Fairerweise muss man sagen, dass sich das kaum vermeiden ließ.

Nacht für Nacht lag Erkan im Bett und verfluchte seine Eltern dafür, dass sie so klein waren und dass er ihretwegen ebenfalls klein war.

«Das ist nicht fair! Zum Teufel mit diesen Minieltern. Es ist
ihre Schuld, dass ich niemals groß sein werde», schimpfte
er vor sich hin. «Aber ich werde allen beweisen, dass ich ein

Gigant bin!»

Erkan musste **bei allem** gewinnen. Regeln und Fairness waren ihm egal. *Er* wollte der Sieger sein. *Die Nummer eins.*
Deshalb war Erkan auch nicht sonderlich beliebt.

Wenn auf Geburtstagspartys «Das Päckchen geht um» gespielt
wurde, gab Erkan das Päckchen einfach nicht weiter, selbst
wenn die Erwachsenen ihn durch
das ganze Zimmer wirbelten, um ihm das Päckchen zu entreißen.
«Ich lasse **nicht** los!»

Bei der «Reise nach Jerusalem»
war es sogar noch schlimmer.
Zu Beginn des Spiels klebte sich
Erkan mit Sekundenkleber einen
Stuhl an den Hintern, sodass er
gar nicht verlieren konnte.

«Ich hab gewonnen!»

Einmal verbarg er sich beim Versteckspielen eine ganze Woche in einer Kommodenschublade, damit er auf keinen Fall gefunden wurde und man ihn am Ende zum größten Versteckspiel-Champion aller Zeiten erklären würde.

«Haha!»

Erkan sah sich Ratesendungen im Fernsehen an und lernte die Antworten auswendig. Anschließend schaute er sie mit seinen Eltern noch mal und **schrie** die Antworten, bevor sie es tun konnten.

«ICH BIN DER SCHLAUESTE!»

Wenn er an einem Dreibeinrennen teilnahm, lieh er sich das Holzbein seiner Großmutter aus und befestigte es an seinem **eigenen Bein**. Auf diese Weise musste er sich nicht mit jemand anderem zusammentun, der ihn behinderte.

«Ich habe Gold gewonnen! Hier hast du dein Bein zurück, Omi!, schrie er, ehe er es ihr über das ganze Spielfeld zuwarf, dass sie umfiel.

«UFF!»

Wenn Erkan bei einem Brettspiel verlor, beförderte er das Brett und die Figuren mit einem Tritt in die Luft und tat, als sei es beim Überkreuzen der Beine passiert.

PENG!

«Sagen wir einfach, ich hab gewonnen.»

Beim Sackhüpfen verbarg Erkan ganz schlau ein Minimotorrad unter seinem Sack und sauste *huiiiii* an den anderen vorbei.

BRUMM!

Wenn er beim Stopptanz mitmachte, **übergoss** sich Erkan vorher mit **nassem Zement** und ließ ihn trocknen. Danach konnte er keinen Muskel mehr rühren und gewann.

Der Nachteil war, dass er sich **hinterher** mit einem Vorschlaghammer aus dem Zement befreien lassen musste. «Autsch!»

Bei Prüfungen sorgte Erkan dafür, dass er jedes Mal als Klassenbester abschnitt. Und zwar mit Hilfe eines Mini-Mikrophons samt Ohrstöpseln sowie einem Jungen mit einem Stapel Schulbüchern vor der Tür, den er mit Schokolade bestochen hatte.

«WIEDER ALLES HUNDERPROZENT RICHTIG!»

Bei Wettrennen in der Schule brachte Erkan seine eigene Starterpistole mit. Die feuerte er erst ab, wenn er die Ziellinie bereits überquert hatte.

«Ich hab gewonnen!» PENG!

Bei Fußballspielen band Erkan sich den Ball an den Fuß, damit er nie weiterpassen musste und niemand außer ihm ein Tor schießen konnte.

«TOR!»

Fast jeden Abend kam ein weiterer Pokal, eine Medaille oder Urkunde in den riesigen Trophäenschrank in Erkans Zimmer. Jedes Mal, wenn er etwas gewann, **klopfte er sich selbst auf den Rücken und sagte:**

«Gut gemacht, Erkan!»

Es sprach sich bald herum, dass er immer und überall der Beste zu sein schien. Es gab Berichte in den örtlichen Zeitungen …

HIESIGER JUNGE GEWINNT MEDAILLE ODER SO, OBWOHL ER KLEIN IST

… ehe er es schließlich in die landesweiten Zeitungen schaffte.

WUNDERKNABE! KLEINER JUNGE ERRINGT GROSSE SIEGE!

Schließlich wurde Erkan sogar im Fernsehen interviewt.

«Das ist eine **wirklich** imposante Trophäensammlung, Erkan», befand der Moderator.

«Vielen Dank. Ich schätze, ich bin einfach in allem der Beste.»

«Und das Erstaunliche ist, dass du aussiehst, als könntest du unmöglich älter sein als **fünf**.»

«Ich bin **zehn!**» **«Ups.»**

Der Leiter der britischen Olympiamannschaft,
Lord Socke, verfolgte das Interview.
Socke war ein stattlicher alter Mann mit
buschigem weißem Schnurrbart und frü-
her selbst Athlet gewesen.

«Dieser Junge ist die Antwort auf
unsere Gebete!», rief er aus. «Er ist ein Sieggarant.»

Der Mann machte Erkans Telefonnummer ausfindig und griff
sofort zum Hörer.

KLINGELING! KLINGELING!

«Erkan Ecclestone?»

«Ja?»

«Hier spricht Lord Socke. Du hast
vielleicht schon von mir gehört.»

«Ja, natürlich, Sir. Lord Socke, wollte ich sagen.»

«Unsere größte Medaillenhoffnung bei den Olympischen Spielen hat sich gerade beim Training das Bein
gebrochen, und am Samstag findet der Einhundert-
meterlauf statt. Erkan Ecclestone, du musst für
dein Land die Goldmedaille nach Hause holen!»

Am Ende der Leitung wurde es still. Erkan war speiübel.

Es war eine Sache, beim Schulsport zu mogeln, aber bei den Olympischen Spielen **zu tricksen**, war etwas ganz anderes.

«Erkan? Erkan? Bist du noch da?»

«Ja, ich bin hier, Lord Socke.»

Die Gedanken in Erkans Kopf rasten. Er begann sich auszumalen, wie schön es wäre, den Sieg davonzutragen. Als schnellster Mann der Welt würde niemals wieder jemand seine Größe erwähnen. Ein goldener **Nebel** erfüllte seinen Kopf. Es gab keinen größeren Wettbewerb als die Olympischen Spiele, keinen wichtigeren Preis als eine **olympische Goldmedaille**. Der ehrgeizige Erkan konnte einfach nicht anders.

«Nun, Junge, hast du es dir überlegt?»

«Ja, und meine Antwort ist ja!»

«Ausgezeichnet. Dann sehen wir dich morgen in aller Frühe im Trainingslager der britischen Olympiamannschaft. Es liegt nur eine Stunde entfernt. Für dich eine halbe, falls du hinrennst!»

«A-a-aber, Lord ...», stotterte Erkan. Er sah zu seinem Trophäenschrank hinüber. Dieser enthielt nicht eine einzige Auszeichnung, die er sich ehrlich verdient hatte. Er hatte geschummelt **bis zum Gehtnichtmehr**, um sie alle zu gewinnen.

«Ja, mein Junge?»

«Ich trainiere lieber allein.»

«Allein?» So etwas hatte Lord Socke in all seinen Sportlerjahren noch nie gehört.

«Ja. In meinem Zimmer.»

«In deinem Zimmer?!»

Nun war der Mann völlig perplex.

«Jawohl, Lord.»

«Aber es geht um den Einhundertmetersprint! Wie groß ist dein Zimmer?»

«Das weiß ich nicht genau, Lord.»

«Dann ungefähr.»

«Fünf Meter.»

«Wie willst du in einem so kleinen Zimmer für einen Hundertmeterlauf trainieren?»

Erkan überlegte einen Moment. «Ich werde einfach im Kreis herumrennen.»

Das war nicht von der Hand zu weisen.

«Nun, deine sportlichen Leistungen sprechen für sich. Dann sehen wir dich am Wettkampftag. Lass uns nicht hängen, Erkan.»

Damit legte Lord Socke auf.

Ein bisschen WACKLIG auf den Beinen sank Erkan auf sein Bett.

Er würde sich etwas wirklich **Großes** einfallen lassen müssen, wenn er bei den Olympischen Spielen gewinnen wollte.

In der folgenden Nacht lag er bis zum Morgengrauen wach und stellte sich alle möglichen Schummeleien vor. Er könnte:

sich aus einer **Kanone feuern** lassen und über die Ziellinie fliegen,

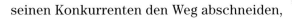

BUMM!

seinen Konkurrenten den Weg abschneiden, indem er eine Schafherde auf die Bahn trieb, «MÄH!»

«MÄH!»

schwere Gewichte an den Unterhosen der anderen Teilnehmer befestigen, sodass sie nach hinten gezogen wurden, sobald sie losliefen,

POLTER!

allen die **Schnürsenkel** verknoten, sodass sie kreuz und quer übereinanderpurzelten, sobald der Startschuss ertönte,

«Uff!»

einen Eiswagen neben die Bahn fahren und jedem Konkurrenten ein riesiges Softeis spendieren, damit sie noch vor dem Rennen Bauchschmerzen bekamen,

RÜLPS!

an der Startlinie eine **Stinkbombe** loslassen,   «PUH!»

sich von einem Schlitten und einem Rudel Huskys ziehen lassen, in der Hoffnung, dass er dadurch schneller wurde,

«Wuff, Wuff!»

lügen und allen erzählen, es sei eigentlich ein Eierlauf. Dann würde er Eier und Löffel verteilen, um die anderen zu verlangsamen,

KNACKS!

sich von einem Geparden mitnehmen lassen, dem schnellsten Tier der Welt,

«FAUCH!»

einfach schneller rennen als alle anderen.

Leider schienen alle diese Ideen zum Scheitern verdammt zu sein, vor allem die letzte. Doch gerade als Erkan die ganze Sache abblasen wollte, brachte der PERFEKTE PLAN seine Phantasie ins Rotieren.

Schuhe mit Raketenantrieb!

Als Erstes kaufte Erkan die **größten** Laufschuhe, die er finden konnte. Sie waren mindestens doppelt so groß wie seine Füße und ließen ihn aussehen wie einen Clown.

Als Nächstes bohrte er kleine Löcher in die Sohlen, um sie mit Rädern zu bestücken, die er von seinen alten Spielzeugautos abgeschraubt hatte.

Als Drittes besorgte er sich die stärksten Feuerwerksraketen, die er auftreiben konnte. Er schlitzte die Fersen seiner Schuhe auf und schob die Raketen hinein.

Während die anderen Wettkämpfer im Rennen alles geben mussten, würde Erkan einfach die Lunten der Feuerwerkskörper anzünden, mit seinen raketengetriebenen Schuhen an ihnen vorbeisausen und die Goldmedaille gewinnen.

Was sollte da noch schiefgehen?

«Du bist kleiner, als ich dachte», bemerkte Lord Socke, als er Erkan das erste Mal sah.

«O nein, jetzt fangen Sie auch noch an!», stöhnte Erkan.

Die beiden standen im riesigen Olympiastadion von Tokio, in Japan. Die Atmosphäre knisterte vor Spannung. Die Fahnen sämtlicher Länder der Erde flatterten im Wind. Hunderttausende SPORTFANS drängten sich dicht an dicht auf ihren Plätzen. Kameras aus aller Welt übertrugen die Wettkämpfe live für ein MILLIARDENPUBLIKUM. Der Mann sah auf Erkans riesige Laufschuhe hinab.

«Junge, hast du große Füße.»

Erkans Schuhe waren fast so groß wie er selbst. Er hatte gehofft, dass es niemandem auffallen würde, aber sie waren unmöglich zu übersehen.

«Vielen Dank, Lord. Genau deshalb kann ich ja so schnell rennen.»

«Tatsächlich, mein Junge?»

«Nun, wenn ich ‹rennen› sage ... meine ich, dass ich einen ungewöhnlichen Laufstil habe, bei dem meine Füße den Boden gar nicht verlassen.»

Lord Socke konnte seinen Schrecken nicht verbergen. «Ich bin extrem beunruhigt, mein Junge. Du repräsentierst schließlich unser großartiges Großbritannien (und dass es großartig ist, sagt schließlich schon das ‹Groß› in seinem Namen) beim bedeutendsten Sportereignis der Welt. Und jetzt erklärst du mir, dass du läufst, ohne mit den Füßen den Boden zu verlassen? Einen solchen Unsinn habe ich in meinem ganzen Leben noch nicht gehört. Ich ziehe dich vom Rennen zurück, Erkan.»

«Nein, Lord. Bitte nicht. Ich hole Gold.

DAS VERSPRECHE ICH IHNEN.»

Eine großgewachsene Gestalt ging an Erkan vorbei. Es war Ike Scarper, der für Jamaika startete. Er war der schnellste

Mann der Welt und besaß 103 olympische Goldmedaillen. Er warf einen Blick auf Erkan und kicherte.

«Hahaha!» Ike Scarper marschierte geradewegs zur Tartanbahn.

«Du solltest dich auf den Weg machen, Junge», sagte Lord Socke.

Mit etwas Mühe rollte Erkan zur Startlinie.

Ein olympischer Offizieller in Jackett trat mit der Startpistole in der Hand an die Bahn.

«Bitte nehmen Sie Ihre Plätze ein, meine Herren.»

Ike lief neben Erkan. Selbst in der Hocke war der Mann größer als der aufrecht stehende Erkan.

«Wie nett, dass der Clown dir seine Schuhe geliehen hat!», murmelte Ike mit einem Grinsen.

Erkan schüttelte den Kopf. Er konnte es kaum erwarten, diesem gutaussehenden, witzigen und – was noch viel schlimmer war – großen Mann eine Lektion erteilen. Erkan griff in seine Hosentasche und zog eine geschickt versteckte Packung Streichhölzer heraus.

«Auf die Plätze!», rief der Offizielle.

«Ich werde an der Ziellinie mit einer Tasse englischem Tee auf dich warten», sagte Ike.

Erkan entzündete die Lunte an seinem linken Schuh.

«Fertig!»

Da verbrannte sich Erkan die Finger und ließ das Streichholz fallen, bevor er die zweite Lunte anzünden konnte.

«Au!»

Das könnte ins Auge gehen. PENG!

Der Starter feuerte die Pistole ab.

Wie immer angeführt von Ike Scarper, stürmten die Athleten los.

Mit nur einer gezündeten Rakete und einem hinterherschleifenden rechten Fuß gelang es Erkan nicht, geradeaus zu laufen. Stattdessen schoss er zur Seite weg und prallte gegen einen der anderen Läufer.

UMPF!

«UFF!»

Erkans Rempler warf den Mann von den Beinen ... und er fiel

zu Boden. «AAAH!» PLUMPS!

Wie eine Giraffe beim ersten Besuch einer Roller-

disco wirbelte Erkan hilflos durch die Gegend

und brachte weitere Läufer zu Fall.

DONG!
DONG!
DONG!

«UFF!»
«UFF!»
«UFF!»

Alle gingen zu Boden.

PLUMPS! PLUMPS!
PLUMPS!

Mittlerweile *drehte* sich Erkan auf einem Bein wie

eine außer Rand und Band geratene Eisprinzessin

und klatschte ein paar Mitkonkurrenten seinen

anderen Fuß mit dem riesigen Schuh

ins Gesicht.

«AU!»

«AU!»

«AU!»

Sie purzelten übereinander.

PLUMPS!

Kurz darauf war nur noch ein einziger Läufer auf den Beinen. Das war natürlich die Olympialegende **Ike Scarper.** Genau in dem Moment, als er die Ziellinie überqueren und seine 104. olympische Medaille gewinnen wollte, **zündete** die Rakete in Erkans rechtem Schuh …

PENG!

… und der Junge wurde geradewegs in den Himmel hinauf-
geschleudert.

W
U
S
C
H!

Erkans riesiger raketengetriebener Schuh **schoss** durch
die Luft, dass sein kleiner Körper kaum mitkam. Er sauste bis
hoch über die Wolken, wo es ihm eigentlich recht gut gefiel. Es
war so **ruhig und friedlich** dort. Einen Moment lang ver-
harrte Erkan **völlig regungslos.** Doch auf jeden Höhenflug
folgt unweigerlich der Fall. Und zwar schnell. Beim Blick nach
unten konnte Erkan Ike Scarper erkennen, der im Begriff war,
die Ziellinie zu überqueren, doch gerade als dieser zu ihm auf-
schaute, knallte Erkan auf ihn drauf …

«AU!»

… und schlug ihn **k. o.**

Ike Scarper fiel um wie ein gefällter Baum.

PLUMPS!

Erkan saß auf dem Mann und musste nichts weiter tun, als aufzustehen und die Ziellinie zu überqueren. Triumphierend reckte er die Hände.

Die Zuschauer in Tokio waren außer sich.

«BUUUUUH!»

Dieser kleine britische Junge hatte das Rennen sabotiert und den schnellsten Mann der Welt außer Gefecht gesetzt.

«Das war eine Schande!», donnerte Lord Socke, als er auf Erkan zumarschierte. «Du solltest dich schämen. Du hast die Olympischen Spiele verraten. Und Großbritannien ebenso. Aber vor allen Dingen hast du dich selbst verraten.»

Bevor Erkan etwas erwidern konnte, **dröhnte** eine Stimme aus dem Lautsprecher: «Der Sieger des Einhundertmeterrennens ist Erkan Ecclestone aus Großbritannien!»

Die Buhrufe wurden noch lauter.

«BUUUUUUH!»

Ehe Erkan sich versah, hatten die olympischen Offiziellen ihn zum Siegertreppchen gezogen. Dort verlieh man ihm nicht nur

die **Goldmedaille**, sondern
auch die **Silber-** und die **Bronzemedaille**,
da keiner der anderen Läufer die Ziellinie
überquert hatte. Sie wurden in diesem Moment von der Tartanbahn getragen.

Die ganze Welt sah Erkans selbstgefälliges
Gesicht, während hunderttausend Menschen
im Stadion und Millionen rund um den Globus ihn **ausbuhten**.

«BUUUUUUH!»

Von diesem Moment an war Erkan Ecclestone der Staatsfeind Nummer eins. Er konnte nirgendwo auf der Welt eine
Straße entlanggehen, ohne von Fremden ausgebuht oder sogar
mit faulem Obst beworfen zu werden.

PLATSCH!

«BUH!»   BOING!   «BETRÜGER!»

«ZISCH!»   SPRITZ!   «UUF!»

Das bedeutete, dass Erkan das Haus nicht mehr verlassen konnte. Er musste bei geschlossenen Vorhängen in seinem Zimmer sitzen, damit nicht irgendein Passant eine faule Tomate gegen die Fensterscheibe warf.

PLATSCH!

Seine drei olympischen Medaillen erhielten einen Ehrenplatz in seinem Trophäenschrank. Jeden Abend vor dem Zubettgehen hängte Erkan sie sich um den Hals und bewunderte sich im Spiegel.

«Ich bin der einzige Mensch, der jemals in ein und demselben Rennen Erster, Zweiter und Dritter wurde», sagte er zu sich. «Und das bedeutet, dass ich der ALLERBESTE bin und kein bisschen klein.»

Dann klopfte sich Erkan auf die Schulter und saß allein in seinem **VERDUNKELTEN ZIMMER**.

Nein, nein,
NEILA

ES WAR EINMAL ein Mädchen namens Neila. Neila sagte nur ein einziges Wort, und dieses Wort war **«Nein»**. Neila liebte das Wort «Nein», weil es alle anderen in den **Wahnsinn trieb**, wenn sie es nur oft genug verwendete.

Nichts bereitete Neila mehr Vergnügen, als mitanzusehen, welches Chaos das Wörtchen **«Nein»** verursachen konnte. Sie fand, dass es wie eine Dynamitstange war. Wenn man nur

genug davon einsetzte, ließ sich damit eine gewaltige
EXPLOSION hervorrufen.

KABUMM!

Was immer die Mutter oder der Vater ihr an Hausarbeiten auf-
trugen, die Antwort war immer die gleiche.

«Neila, kannst du jetzt bitte dein Zimmer aufräumen?»

«Nein!»

«Sei nicht so gierig, Neila! Lass mir bitte ein Stück
von der Schokolade übrig.»

«Nein!»

«NEILA! DREH DIE
MUSIK LEISER!!»

«Nein!»

Es dauerte nicht lange, bis

Neilas Eltern vor Wut

im Dreieck

sprangen.

«NEIN!, NEIN!, NEILA!»

In der Schule hatte das Wort **«Nein»** eine noch durchschlagendere Wirkung, stellte Neila fest.

Unsere Geschichte beginnt an jenem Morgen, an dem Neila auf dem Schulhof einen dicken Schokomilchshake schlürfte.

Als sie genug davon hatte, warf sie den halbvollen Pappbecher vor die Füße des Schulleiters, dass die Schokomilch auf die Schuhe und die Hosenbeine spritzte. Mr. Dodel war wie immer tadellos gekleidet und trug einen dreiteiligen Anzug mit einer schicken Fliege. Er HASSTE Abfall und wollte, dass die ganze Schule ebenso makellos aussah wie er selbst.

«Heb sofort deinen Müll auf, Neila!», forderte er.
«Nein!»

«DOCH!»

«Nein!»

«Du hebst sofort deinen Müll auf!»

«Nein!»

Mr. Dodel wurde dunkel-

rot vor Wut.

«Du kommst sofort

in mein Büro, Neila!»

«Nein!»

«Na schön, dann hast du Hausarrest!»

«Nein!»

«Doppelten Hausarrest!»

«Nein!»

«Dann, äh … verweise ich dich mit

sofortiger Wirkung von der Schule!»

«Nein!»

«Jetzt reicht es aber. Das ist meine letzte

Warnung. Hast du mich verstanden?»

Inzwischen pulsierten die Adern an Mr. Dodels Schläfen.

«Nein!», erwiderte Neila mit einem Grinsen. Es kam nicht

oft vor, dass sie mit ihrem kleinen Lieblingswort eine *so* heftige

Reaktion hervorrief.

«Das bedeutet, dass es keine Warnung mehr geben wird. Aber ich denke, das wusstest du bereits, nicht wahr, Neila?»

«Nein!»

«Ich glaube doch, Neila.»

‹‹Nein!››

«Doch.»

‹‹Nein!››

«Doch.»

‹‹Nein!››

Dann versuchte es der Schulleiter mit einem Trick, indem er «Nein» sagte statt «Doch.»

«Nein!»

Neila zögerte einen Moment, ehe sie ebenfalls **«Nein!»** sagte.

Mr. Dodel ließ sich auf alle viere fallen und begann zu heulen wie ein Wolf.

«Jaa-Uuuuuuuu!»

Es war klar, dass er das Ganze keine Sekunde länger ertrug. Es dauerte nicht lange, bis sich die gesamte Schülerschaft um ihn versammelt hatte. Alle wollten sehen, ob ihr Schuldirektor womöglich platzen würde wie ein Ballon.

Zum Glück war gerade Mr. Potts, der alte Hausmeister, auf der anderen Seite des Schulhofes und zupfte sich einige Blätter aus seinem Bart. Als er den Tumult bemerkte, kam der alte Mann herübergehumpelt. Er nahm seinen Chef am Arm und legte ihn auf ein weiches Blätterlager auf seiner Schubkarre.

«Kommen Sie, Mr. Dodel, Sir», flüsterte er.

Während Mr. Potts den Schulleiter davonkarrte, warf er Neila einen missbilligenden Blick zu, die nur zurückgrinste.

Der Zwischenfall brachte Potts ins Grübeln … Wenn er das Mädchen doch nur dazu bringen könnte, «Ja» zu sagen, dann wäre die Welt ein besserer Ort.

Das Problem war, dass Neila das Wort «Ja» niemals über die Lippen kam. In ihren Augen war «Ja» ein langweiliges Wort, weil es die Leute nicht in den Wahnsinn trieb.

Neila war in ihrer Schule inzwischen berühmt dafür, dass sie sämtliche Lehrkräfte um den Verstand brachte.

Ihr Geographielehrer, Mr. Nimbus, hatte sich auf einem Schulausflug aufs Land so darüber aufgeregt, dass Neila beständig zu allem «Nein» sagte, dass er spurlos verschwand. Sechs Monate lang war er nicht auffindbar. Als man ihn schließlich entdeckte, lebte er nur mit seiner Unterhose bekleidet in einer Höhle und ernährte sich von Regenwasser und Erde.

Neilas Sportlehrerin, Miss Springer, brach in Tränen aus und schloss sich auf der Toilette ein, weil sie es leid war, dass Neila sich weigerte, jemals bei irgendeiner Übung mitzumachen. Miss Springer kam ein Vierteljahr lang nicht mehr heraus und überlebte nur, weil man ihr durch den Schlitz unter der Tür Kekse zuschob. Auch den Tee musste man dort ausgießen, und Miss Springer schleckte ihn mit der Zunge auf wie ein Hund.

Dem Theaterlehrer erging es nicht viel besser. Wenn die Klasse Improvisieren übte oder «Impro», wie Mr. Loopschal es nannte, kam von Neila nie etwas anderes als **«Nein»**. Dabei lautete die erste Regel des Improvisierens, immer **«Ja»** zu sagen. Nachdem er das Ganze jahrelang ertragen hatte, fand man Mr. Loopschal eines Tages in der Schulcafeteria, wo er sich mit einem Holzlöffel unentwegt gegen den Kopf schlug.

Weil Neila zu allem, was sie im NaWi-Unterricht tun sollten, **«Nein»** sagte, aß die arme Mrs. Sediment irgendwann ihre eigenen Schuhe auf. Später meinte sie, dass es ein Hilfeschrei gewesen sei.

Der gravierendste Vorfall von allen betraf die Kunstlehrerin Miss Knicknocks. Als Neila sämtliche Leinwände wieder und wieder nur mit dem Wort **«NEIN»** bemalte, tauchte Miss Knicknocks ihren Popo in blaue Farbe, lief durch die Schule und drückte ihren Hintern gegen jede freie Fläche, die sie finden konnte. Auf jeder Wand, jeder Tür und jedem Fenster befanden sich Popoabdrücke. Inzwischen war Miss Knicknocks DAUERHAFT «vom Unterricht freigestellt».

Was Neila anging, genoss sie das ganze Chaos, das sie anrichtete. Sie war wild entschlossen, für den Rest ihres Lebens zu allem nur noch **«Nein»** zu sagen.

Eines Tages stand Mr. Potts im örtlichen Zeitschriftenladen und kaufte ein paar seiner geliebten Karamellbonbons. Wenn er freitags mit der Arbeit fertig war, besorgte er sich meist eine Tüte Karamellen, um sie über das Wochenende zu genießen.

«Bitte schön, Mr. Potty! Eine Tüte meiner *besten Bonbons», sagte der Kioskbesitzer, als er die Karamellen in eine braune Papiertüte füllte. «Für Sie, als meinen Lieblingskunden, ist die Tüte absolut **KOSTENLOS**.»

«Vielen Dank, Raj», sagte der Hausmeister.

«Aber bringen Sie sie bitte zurück. Ich habe **nur** diese eine.»

D
I
N G !

Die Türglocke schellte, und Neila betrat den Laden.

Raj verzog das Gesicht, als er sie sah.

«Ah, Miss Neila, die immer ‹**Nein**› sagt! Meine Liebl–» Raj schaffte es nicht, den Satz zu Ende zu sprechen. «Eine meiner fünfhundert liebsten Kundinnen.»

Offensichtlich war der Kioskbesitzer nicht allzu erfreut über Neilas Besuch in seinem Laden. Mr. Potts war neugierig, wie jemand, der immer nur **«Nein»** sagte, es anstellen würde, Süßigkeiten zu kaufen, also trieb er sich beim Zeitschriftenregal herum und tat, als würde er dort ein wenig stöbern.

«Kann ich dir helfen, Miss Nein-a?», fragte Raj.

«Nein», erwiderte das Mädchen.

Der Kioskbesitzer seufzte leise. «Das ist jedes Mal ein Kraftakt. Möchtest du wie üblich eine Tüte gemischte Lakritze, Miss Nein-a?»

Neila zögerte. Sie hätte die gemischten Lakritze furchtbar gern genommen. Ihr lief sogar das Wasser im Mund zusammen, als sie das Glas hinter Rajs Kopf ansah.

Der Kioskbesitzer versuchte es noch einmal. «Möchtest du lieber **KEINE TÜTE** gemischte Lakritze, Miss Nein-a?»

«Nein.»

«Das heißt, du möchtest sie **doch**!», rief Raj aus.

«Stimmt das, Miss Nein-a?»

«Nein!» Neila konnte nicht anders, als mit dem Fuß aufzustampfen. Offensichtlich machte es sie selbst verrückt, immer nur **«Nein»** zu sagen. Mr. Potts tat nach wie vor, als blätterte er in einer Ausgabe der *Woche der Frau*, während er fasziniert von dem Geschehen ein Karamellbonbon lutschte.

«Oje», rief Raj. «Das wird wieder den ganzen Abend dauern. Kannst du bitte einfach einmal ‹Ja› sagen, Miss Nein-a?!»

«Nein!»

«Also schön, meine liebe Miss Nein-a!» Raj wurde langsam sauer. «Mal sehen, wie dir das gefällt! Möchtest du die gemischte Lakritze lieber nicht **nicht nicht** nicht nicht **nicht?**»

Ein Ausdruck größter Verwirrung trat in das Gesicht des sonst so spöttisch dreinschauenden Mädchens. Es waren einfach zu viele «nichts» für sie.

«Oder möchtest du die Tüte lieber **nicht nicht** nicht nicht **nicht** nicht nicht nicht **nicht?**»

Neila schaute noch unzufriedener drein.

«Oder willst du die Tüte vielleicht doch lieber **nicht nicht nicht** nicht **nicht** nicht **nicht** nicht nicht nicht nicht nicht **nicht** nicht **nicht** unendlich?»

Neila knurrte Raj an, dann stürmte sie aus dem Laden und warf dabei den Ständer der Ostereier mit **abgelaufenem** Haltbarkeitsdatum um.

«Reingelegt, Miss Nein-a!»

D I N G !

«Haha»!,

kicherte Raj vor sich hin.

«Das war sehr schlau von Ihnen, Raj!», murmelte Mr. Potts, der wieder ein Karamellbonbon lutschte.

«Danke, Mr. Pottwal! So kann man diese **nervige kleine Miss** austricksen! Ihr einfach so oft ‹nicht› unter die Nase reiben, dass sie beim Zählen nicht mehr mitkommt.»

«Das werde ich auf jeden Fall den Lehrkräften in der Schule erzählen. Sie treibt dort alle in den Wahnsinn.»

«Tun Sie das, Sir. Könnte ich jetzt bitte meine Tüte zurückhaben?»

Der Hausmeister lugte in seine Bonbontüte.

«Aber Raj, da sind noch mindestens ein Dutzend Bonbons drin.»

«Dann stopfen Sie sie in den Mund, hopp, hopp!»

«Die Tüte soll aber über das ganze Wochenende reichen!»

«Dann lutschen Sie eben ganz langsam!»

Zögernd schüttete sich Mr. Potts die restlichen Bonbons in den Mund. Es waren **so viele**, dass seine Backentaschen aussahen wie zwei Luftballons.

«Vielen Dank, Mr. Potter», sagte Raj, als er die braune Papiertüte entgegennahm und wieder ordentlich zusammenfaltete.

«Bis nächsten Freitag!» DING!

Der Hausmeister hatte das ganze Wochenende Zeit, an seinem Plan zu feilen.

Sobald er es geschafft hatte, den riesigen Karamellklumpen fertig zu lutschen, rief er den Schulleiter an und erklärte ihm seinen Plan.

«Aber, Sir, das Ganze funktioniert nur, wenn alle Lehrerinnen und Lehrer, sämtliche Kantinenmitarbeiter und Sekretärinnen, jeder Raumpfleger und natürlich alle anderen Schülerinnen und Schüler mitmachen.»

«Ich verstehe. Und Mr. Potts? Wie wäre es, wenn Sie in der Schule übers Wochenende sämtliche Schilder austauschen? Ich wette, das wird Neila ordentlich ärgern!»

«Sie werden dem Mädchen eine Lektion erteilen.»

«Das werden wir alle!»

Sobald Mr. Potts aufgelegt hatte, machte er sich ans Werk.

Sämtliche **Schilder** in der Schule mussten ausgewechselt werden.

Aus «IM KORRIDOR WIRD NICHT GERANNT!» wurde

Aus «HIER WIRD NICHT BALL GESPIELT» wurde

HIER WIRD NICHT NICHT NICHT **NICHT** NICHT NICHT NICHT NICHT NICHT NICHT **NICHT** NICHT **NICHT** NICHT NICHT **NICHT** BALL GESPIELT.

«IN DER BIBLIOTHEK WIRD NICHT GESPROCHEN» wurde zu

IN DER BIBLIOTHEK WIRD Nicht NICHT NICHT NICHT NICHT NICHT **NICHT** NICHT NICHT NICHT NICHT **NICHT** NICHT NICHT NICHT NICHT **NICHT** NICHT NICHT **NICHT** NICHT **NICHT** GESPROCHEN.

Mr. Dodel konnte den Montagmorgen kaum erwarten. Der Schulleiter war ganz aus dem Häuschen vor Vorfreude. Da Neila wie üblich zu spät kam (weil sie beim Einsteigen in den Bus «Nein» sagte, anstatt ihre Fahrkarte zu bezahlen), rief Mr. Dodel die ganze Schule schon vor dem Unterricht zu einer Versammlung zusammen.

«Wir werden heute Neila, dem Mädchen, das immer nur ‹Nein› sagt, einen Streich spielen.»

 «HURRA!»

Alle brachen in Jubel aus.

Miss Knicknocks, die überall in der Schule blaue Popoabdrücke hinterlassen hatte, war vom Direktor zurückgeholt worden. Die Kunstlehrerin sollte sich das Geschehen um keinen Preis entgehen lassen.

«Jedes Mal, wenn ihr Neila eine Frage stellt, müsst ihr so oft ‹nicht› einbauen wie möglich. Es wird sie so verwirren, dass sie nicht nicht nicht nicht nicht nicht nicht mehr weiß, ob sie ‹Nein› sagen soll oder nicht.»

Die Menge hörte aufmerksam zu.

«Wenn es irgendjemand schafft, Neila zum Jasagen zu bringen, gibt es für den Rest des Tages schulfrei!», erklärte der Direktor.

Wieder brandete lauter Jubel auf.

«JUHUU!»

«Dann feiern wir eine
RIESENPARTY!»
«JUHUUUUUUU!»

Der Hausmeister stand in der Aula auf einer Trittleiter und spähte durchs Fenster, um nach Neila Ausschau zu halten.

«Sie kommt!», rief Mr. Potts, als er sie durchs Schultor marschieren sah.

«Also schön!», sagte der Direktor. «Benehmt euch alle ganz normal!»

Wenn einem gesagt wird, dass man sich ganz normal verhalten soll, kann einem das plötzlich fast unmöglich erscheinen. Mit einem Geheimnis durch die Gegend zu laufen, ist, als hätte man einen riesigen Wackelpudding in der Hand, der sich anfühlt, als könnte er jeden Moment runterfallen.

Die Kinder stürmten auf den Schulhof und bombardierten Neila mit Fragen.

«Neila, hast du **NICHT** NICHT **NICHT** Lust, heute Nachmittag zum Spielen zu mir nach Hause zu kommen?»

«Neila, magst du **NICHT NICHT** NICHT **NICHT NICHT** mal einen von meinen Chips probieren?»

«Neila, willst du meine Mathehausaufgaben NICHT **NICHT NICHT** NICHT **NICHT** NICHT NICHT abschreiben?»

«Neila, willst du NICHT **NICHT** NICHT NICHT **NICHT** **NICHT** NICHT **NICHT** NICHT mal mit Ned Shabby ausgehen?»

«Neila, heißt du denn nicht

nicht

nicht

nicht

nicht

nicht

nicht

nicht

NICHT

nicht

NICHT

nicht

nicht

NICHT

nicht

NICHT

NICHT

NICHT

nicht

nicht

nicht

nicht

nicht

NICHT

nicht

nicht

nicht Neila?»

«AAAH!», schrie Neila.

Sie wurde so wuschig, dass sie glaubte, ihr Kopf würde platzen. Wie hatte sie sich nur in diesem Albtraum verfangen, in dem sie niemals «Nein» sagen konnte?

Neila rannte ins Schulgebäude und stürmte durch den Korridor. Sie hielt sich beide Ohren zu, denn immer mehr unbeantwortbare Fragen wurden wie aus Maschinengewehren auf sie abgefeuert.

RA-TA- TA-TAT!

Als sie die Stimmen ausgeblendet hatte, entdeckte Neila plötzlich die Schilder an der Wand, auf denen stand:

IM KORRIDOR WIRD nicht **nicht nicht** nicht nicht nicht **nicht** nicht nicht nicht **nicht GERANNT!**

Was, um Himmels willen, ging hier vor?

«AAAH!», schrie Neila wieder.

Sie blieb wie angewurzelt stehen und wusste nicht, wohin sie gehen sollte.

«Neila, willst du nachher lieber NICHT **NICHT** **NICHT** NICHT NICHT **NICHT** NICHT **NICHT** NICHT NICHT **NICHT** NICHT NICHT NICHT NICHT NICHT NICHT **NICHT** NICHT NICHT NICHT NICHT **NICHT NICHT** **NICHT** Schule schwänzen?»,

meldete sich das nächste Kind zu Wort.

«Neila, willst du dich NICHT **NICHT** **NICHT** NICHT NICHT **NICHT** NICHT **NICHT** NICHT NICHT **NICHT** NICHT NICHT **NICHT** NICHT NICHT NICHT NICHT **NICHT** NICHT NICHT NICHT NICHT NICHT NICHT **NICHT NICHT** NICHT für den

Schulausflug in den Zoo anmelden?», fragte ein anderes.

«Neila, willst du denn NICHT **NICHT** **NICHT** NICHT NICHT NICHT NICHT **NICHT** NICHT NICHT **NICHT** NICHT **NICHT** NICHT **NICHT** NICHT **NICHT** NICHT NICHT NICHT NICHT **NICHT NICHT** **NICHT** NICHT NICHT, dass ich dir

mein Essensgeld gebe?», fragte ein drittes Kind.

«AAARRRGG GHHH!», schrie Neila.

Sie stürmte davon, rannte in den Englischraum und warf die Tür hinter sich zu. RUMS!

Erleichtert atmete sie auf. Doch als sie sich umdrehte, stellte sie fest, dass alle ihre Lehrkräfte da waren und sie anstarrten.

«Hallo, Neila», sagte Mr. Nimbus, der Geographielehrer, fröhlich. «Willst du denn wirklich NICHT deine Hausaufgaben machen?»

«AAAH!»

Neila hatte das Gefühl, völlig kirre zu werden.

Als Nächstes war die Sportlehrerin Miss Springer an der Reihe. «Neila, möchtest du dieses Jahr denn wirklich NICHT beim Querfeldeinrennen mitmachen?»

«AARRGGHH!»,

Neila war inzwischen so aufgelöst, dass ihr Gesicht die Farbe von Roter Bete angenommen hatte und ihr die Haare vom Kopf abstanden.

Als Letzter kam Mr. Loopschal zu Wort. «Neila, findest du Theaterspielen denn NICHT cool, oder doch NICHT?»

«AAARRRGG GHHH!»,

schrie Neila.

Es war einfach unerträglich.

Da erschien Schulleiter Dodel in der Tür. «Möchtest du, dass wir aufhören, dir diese dummen Fragen zu stellen, Neila?»

Die **ganze** Lehrerschaft sah Neila erwartungsvoll an, genau wie Hausmeister Potts und sämtliche Kinder, die sich draußen vor den Fenstern des Klassenzimmers versammelt hatten.

«JA!», schrie Neila schließlich.

Die ganze Schule brach in Jubel aus. **«HURRA!»**

«HAHA!», rief Mr. Dodel.

«WIR HABEN ES GESCHAFFT!», jubelte Mrs. Sediment, die NaWi-Lehrerin, die vor lauter Verzweiflung ihre Schuhe gegessen hatte. Sie packte Mr. Loopschal und drückte ihm einen dicken Kuss auf die Glatze, was diesem ganz und gar nicht zu passen schien.

«BÄH!», machte der Theaterlehrer.

Mr. Potts eilte ins Klassenzimmer, und der Direktor breitete die Arme aus, um ihn zu umarmen.

«Sie sind ein Genie, Mr. Potts!»

«Oh, das war nicht meine Idee. Sie stammt von Raj, dem Kioskbesitzer!»

«Das ist ja wunderbar, denn ich habe ihn gebeten, uns beim Schulfest zu unterstützen. Lasst uns hinausgehen und schauen, was er Schönes für uns hat.»

Nachdem die ganze Lehrerschar den Raum verlassen hatte, blieb der Schulleiter mit Neila allein zurück.

«Bist du froh, dass wir dich endlich dazu gebracht haben, ‹Ja› zu sagen, Neila?», fragte Mr. Dodel, während er seine Fliege richtete.

Neila überlegte einen Augenblick. Es fühlte sich an, als wäre eine große Last von ihr genommen worden. Sie lächelte und sagte dann: **«Nein!»**

«Wie bitte?!»

«Das war nur Spaß, Sir. JA! JA! JA! Ich bin froh. Ich liebe das Wort ‹JA›!»

«JA, JA, JA!», rief Mr. Dodel und ging mit Neila hinaus auf dem Schulhof.

Dort gab es eine mobile Disco, und alle Lehrkräfte zappelten wie wild, während die Kinder kichernd danebenstanden. Der bekannt großzügige Raj hatte einen Stand mit Gratis-Süßigkeiten aufgebaut.

«Kommt und holt euch eure Leckereien! Das Mindesthaltbarkeitsdatum ist erst seit zehn Jahren abgelaufen!», rief der Kioskbesitzer.

Am anderen Ende des Schulhofs hatte Mr. Potts ein GEWALTIGES Feuerwerk vorbereitet. Der Hausmeister zündete die Lunte an, und in einer Explosion aus Funken entstand in riesigen Buchstaben ein Wort am Himmel …

Neila sah sich das Feuerwerk an und wandte sich dann zu Mr. Potts um. «Was für ein *wunderschönes* Wort», sagte sie.